LES COULEUVRES

PAR

Louis VEUILLOT.

Troisième Édition

PARIS

VICTOR PALMÉ, ÉDITEUR

23, RUE DE GRENELLE-SAINT-GERMAIN

—

1869

LES COULEUVRES

PARIS. — IMP. DE V. GOUPY, RUE GARANCIÈRE 5.

LES
COULEUVRES

PAR

LOUIS VEUILLOT

PARIS
VICTOR PALMÉ, ÉDITEUR
25, RUE DE GRENELLE-SAINT-GERMAIN.

1869

A QUI LIT.

COMME *il est écrit sans faconde,*
Comme il fut pensé sans apprêt,
Je n'attends pas que ce livret
M'attire une estime profonde.

Mais comme la raison abonde
En mainte page, l'on pourrait
Me supposer un plan secret
De me moquer du pauvre monde.

Je ne suis point si mal appris !
Je n'ai ni haine ni mépris
Pour la naïve espèce humaine.

Je dirai plus : je l'aime un peu.
Cela, tu le verras sans peine,
Lecteur, si tu sais lire. — Adieu:

1

PRÉFACE.

L'HOMME qui sait dormir en wagon, je l'honore.
Il est doué! Dormir, échapper aux benêts,
Le profit est plus franc, et je le reconnais,
Que d'un œil engourdi voir frissonner l'aurore.

— Ce n'est pas cet air-là qu'autrefois je sonnais ;
Mais du point où je suis, l'horizon se dédore! —
Bref, que faire éveillé? Qui bâille, qui pérore,
Qui rêve vingt pour cent; moi, je fais des sonnets.

Repassant mes chemins, revoyant mille choses,'
Je fais sonnet de tout, de l'épine et des roses.
Or, j'en ai mis à part un bon tas, Dieu merci.

Ils sont divers; l'un rit, l'autre siffle ou soupire.
Je trouve à la plupart quelque tort; mais le pire,
Tous ne sont pas rimés dru comme celui-ci.

Donc, cher lecteur, on te propose
Cette trousse de petits vers.
Tu le peux prendre de travers ;
Il faut oser un peu. L'on ose.

Tout ne va pas à toute chose :
Divers gibiers, engins divers.
A chasser au rien par les airs,
Pourquoi du bronze, ou de la prose ?

Un quatrain d'où sort le sifflet,
L'angle affilé d'un triolet
Opèrent mieux que gros chapitres.

Ils entrent mieux dans les cerveaux :
Prends, va ! Ce sont petits couteaux,
Bons pour desserrer les huîtres.

LIVRE I

UN BACHELIER

Tes précepteurs, mon bel enfant,
Certainement sont de fiers hommes!
Ton zèle à bon droit les défend :
De leurs mains tu tiens trois diplômes;
Ce sont les clefs de trois royaumes,
Bachelier trois fois triomphant!

Tu sais du latin, de l'histoire,
Et mille choses, — sans excès!
Toute science, tout grimoire
Te semble de facile accès;

Pour que rien ne manque à ta gloire,
On t'a poussé jusqu'au français.

La pédagogie éclectique
A su même te négliger :
Ton ferme esprit reste étranger
Au catéchisme catholique.
« — Mais qui viendra m'interroger,
Dis-tu, sur ce livre gothique?

« Nul politique n'en fait cas,
L'Institut en masse l'ignore;
Chez les extracteurs de ducats,
Il n'a point de renom sonore;
Je ne vois guère qu'on l'honore
Dans l'ordre saint des avocats.

« Donc, que je parle, que j'écrive,
Ou que je prenne un autre soin,
En quel chemin, sur quelle rive
Du catéchisme ai-je besoin?
Je sais que je veux aller loin,
Et je vois qu'au seuil il vous rive.

« Croit-on que j'ai pris trois brevets
Pour murmurer des patenôtres,

Et qu'au collége je rêvais
Les palmes sèches des apôtres?
Non, non, mon cher monsieur, à d'autres !
Ce n'est point par là que je vais.

« Je vais où le monde regarde,
Je vais au bruit, je vais à l'or.
J'illustrerai mon coffre-fort
Des rayons que la gloire darde.
Laissez-moi passer, il me tarde ;
Livrez la vie à mon essor ! »

Va, mignon, et je dois me taire.
Bois, mange, suis ton appétit.
S'il est quelqu'autre chose à faire,
Tu n'en peux plus être averti...
Quand on ignore ce mystère,
On est bête, mon cher petit !

LES POETES

Chaque jour pousse un esprit fin
(Nous en avons bien une armée !),
Qui trousse la chose rimée,
Comme Banville ou Joséphin.

(Joséphin, né pour la peinture,
Est un grand tisserand de vers ;
Il fait des tableaux sans envers
Que n'imite point la nature.)

Or, ces petits nouveau-venus
Fournissent, ma foi, des chefs-d'œuvre ;
Aussi souples que la couleuvre,
Moins innocents, non pas moins nus.

Du premier coup ils sont habiles.
Autrefois si récalcitrant,
Le français, dans leurs doigts filtrant,
N'a que des syllabes ductiles.

C'est doux, c'est fin, c'est coloré,
C'est scintillant, sonore et lisse ;
Ça se déplisse et se replisse,
Ça se tend et flotte à leur gré.

Pour l'art de manier l'étoffe,
Parlez-moi de ces garçons-là !
Personne avant eux ne mêla
Ni démêla si bien la strophe.

Ils sèment des fleurs là-dessus,
Vraiment qui semblent assez fraîches.
On se demande quels revêches
Ne loûraient pas ces fins tissus.

A quel ciel lointain vont-ils prendre
Tant de rouge et tant d'indigo ?
Pour la rime riche, Hugo
N'aurait pas de points à leur rendre.
1.

Notez encor qu'ils sont savants
En toutes choses comme en mètres.
O Dieux ! les rares gens de lettres :
Des dictionnaires vivants !

Ils parlent grec, arabe, slave ;
On en sait dont le moindre écrit
Comporte un fort lot de sanscrit ;
Le reste est de musc et de lave.

Ils ont tout lu, tout vu, tout bu,
Et mangé du tigre et de l'oie ;
Ils ont connu douleur et joie,
Leur esprit est jeune et fourbu.

Pareils au jongleur qui travaille
Autant des pieds comme des mains,
Ils savent cent trucs surhumains
Pour faire, en un mot, — rien qui vaille.

Si tu veux être rebuté,
Malade d'un spectacle infâme,
Et jusque dans le fond de l'âme,
Un jour, te sentir insulté ;

Si tu veux voir quelle guenille
Peut devenir l'esprit humain;
Si tu veux faire un peu chemin
Avec le porc et le gorille;

Si tu veux voir l'affreuse mort
Créant à sa façon la vie,
Grouillante, infecte, inassouvie
Des fanges sans nom qu'elle mord:

Ouvre ces livres où s'étalent
Les pestes qui nous font mourir:
Tu sauras quels parfums exhalent
Les peuples en train de pourrir.

LA MATIÈRE

BALLADE.

Tu parles d'or, Sarcey, quoique macaronique.
Tes arguments sont tors, mais tes chemins sont droits !
Des bons vieux mots trop lourds laissant le joug chronique,
J'abjure des chrétiens les préjugés étroits :
Je ne crois plus un Dieu, c'est *Chose* que je crois.
Pour alléger nos cœurs, noyons dans la matière
L'antique *distinguo* sur le mal et le bien,
Abrogeons tout cela, tirons-nous de l'ornière :
Il n'est plus d'honnête homme, il n'est plus de vaurien,
Nous avons reconquis l'innocence notoire
    Du singe, notre illustre ancien.
C'est très-doux à penser et très-facile à croire !

La terre est un séjour et non pas une route ;
Morts ici, nous n'allons point reverdir ailleurs.

Voilà dans sa raison ce qu'affirme le doute.
Qui croirait autrement, qu'on le livre aux railleurs
Dieu saurait se couler parmi ces jours meilleurs !
Or sus ! et pressons-nous. Tirons gain de la vie,
Mangeons et jouissons ! Quant à ces langoureux
Dont la table ordinaire est chichement servie,
S'ils attendent au ciel pour se sentir moins creux,
Répétons-leur qu'il n'est que de rire et de boire ;
     Ils en seront plus valeureux.
C'est très-doux à penser et très-facile à croire !

Le Paradis chrétien, les raisons en sont claires,
Suppose cet enfer aux gueules de requins
Dont le curé fait peur à beaucoup de nos frères
Qui visent à grossir leurs revenus mesquins.
Ayons un peu d'égards pour les pauvres coquins !
Les condamnerons-nous s'ils se mettent en quête
De ce bon positif que nous cherchons aussi ?
Le seul fâcheux coquin, c'est le seul trouble fête,
C'est l'horrible dévot ! Et puis enfin voici
L'article dont il faut assurer la victoire :
     Nul bien là haut, nul mal ici !
C'est très-doux à penser et très-facile à croire !

Ils objectent ! Ils ont leurs vieilles Écritures,
Leurs mille monuments d'habile invention,

Leurs dogmes spécieux aux savantes structures,
Leur passé bien bâti sur Rome et sur Sion.
Mais nous avons la chair avec l'intuition!
Sache une bonne fois, ô chrétien, ô bélître!
Que l'homme s'est formé des atômes velus,
Et qu'il vient d'eux tout droit par l'éponge et l'huître.
De ces beaux géniteurs, autrefois moins perclus,
Il reçut (Sainte-Beuve en écrira l'histoire)
      L'intelligence qu'ils n'ont plus.
C'est très-doux à penser et très-facile à croire.

De ce simple *Credo* la nudité, peut-être,
Semblera trop parfaite aux esprits compliqués;
Mais pourvu que le Christ enfin ne soit plus maître,
Notre temple est ouvert aux dieux les plus risqués.
Simon, Renan, Quinet y seront expliqués;
Jean Reynaud y viendra pour la métempsychose,
Mahomet et Luther y mènent les houris,
Platon, Calvin et Bèze y sont pour autre chose,
Sainte-Beuve et Fourier en ornent le pourpris,
Et le commode About est portier, non sans gloire;
      Tous les mérites ont leur prix.
C'est très-doux à penser et très-facile à croire!

ENVOI.

Mes rimes, il suffit. Bornons un badinage
Qui vous fatigue fort et qui m'attriste un peu.
Hélas! c'est bientôt fait de rendre fou le sage
Qui guinde son esprit à lutter contre Dieu.
Modérons seulement d'un filet d'eau son feu.
Donc, et sans lui tirer davantage l'oreille,
Prions Dieu maintenant de le mettre à genoux.
Dieu dit les mots qui font qu'une âme se réveille,
Se transforme, et soudain, brisant fers et verroux,
Du puits d'erreur, s'élève au jour d'en haut, et voire
Y monte plus avant que nous!
C'est très-doux à penser et très-facile à croire.

L'ODE DU PROPRIÉTAIRE

Exegi monumentum....

De la cave à la cheminée,
Voici ma maison terminée ;
Je la mets en location.

Qui visitera l'édifice,
En admirera l'artifice
Et la leste confection.

Il semble fort, il monte aux astres,
Il est attifé de pilastres ;
Il ne m'a pas coûté très-cher.

Sachant combien l'entrée importe,
J'ai sculpté sur la fausse porte
Deux nymphes en superbe chair.

On vient de loin voir ces statues,
Libres et fièrement vêtues
De leurs seuls cheveux, — retroussés.

L'artiste se paie en réclames,
Et nous avons pour gain les blâmes
De mes bons voisins courroucés.

Je conviens que la pudeur saigne :
Mais, d'un autre côté, l'enseigne
Me pose en protecteur de l'art.

Et puis enfin, aux Tuileries,
A-t-on sculpté des renchéries ?
Ma foi, *Regis ad exemplar !*...

Entrons. Mainte chambre incorrecte
Est la gloire de l'architecte ;
Il triomphe de tout écueil.

Et sans vous froisser aucun membre,
Il sait vous trouver une chambre
Dans la mesure d'un cercueil.

C'est petit et sans caractère ;

Mais à présent le locataire
N'a ni hardes, ni mobilier :

Il en va comme il faut qu'il aille ;
Il faut à loger la volaille,
Quelque chose du poulailler.

Pour caresser l'œil des cigales,
J'ai tout illustré d'astragales
En plâtre, quelquefois doré.

Ce logis, plus je l'examine,
Me semble avoir la fière mine
D'un gendelettre décoré.

Sans doute, ce n'est pas le Louvre !
Mais de tous les côtés, il ouvre
Sur une ligne d'omnibus.

Tout autour crie et grouille, et brille
Un vaste marché qui fourmille
Et de primeurs et de rebuts.

On voit même — au loin — un jeune arbre,
Sain comme une fille de marbre,
Dans une cage à revernir.

Par cent drames non amortie,
La portière lit Claretie,
Ponson — penseur de l'avenir.

Le gaz en tous lieux étincelle,
La lumière partout ruisselle,
Mais la nuit principalement.

Viennent Haussmann et sa pioche,
Et qu'ils remplissent ma sacoche
Des débris de mon monument!

DÉFENSE DU MONT ATLAS

Un jour au mont Atlas les collines jalouses
Dirent : « Vois nos prés verts, vois nos riches pelouses... »
Et cœtera. La suite amène un mot enflé
Que cet honnête Atlas ne peut avoir soufflé.
On le fait, d'un ton rogue, en poëte, répondre
Que s'il craque, s'il sue et par endroits s'effondre,
Que s'il apparaît noir, pesant et soucieux
Entre la terre gaie et l'azur gai des cieux,
C'est qu'il porte non pas de l'herbe, mais « un monde ! »

Ce trait joue assez mal la parole profonde ;
Et qui croira qu'Atlas, un mont si bien posé,
Ait avec Bellevue en ces termes jasé ?
L'auteur d'un gros poëme, à son éditeur triste,
Tiendrait mieux ce discours, d'ailleurs peu réaliste,
Le consolant ainsi de rater la moisson :
Pourquoi m'accuses-tu ? Si Feuillet, si Ponson

« Font à leurs éditeurs une bourse plus ronde,
« T'ai-je pas fait illustre, et l'accoucheur d'un monde ! »

On rêve néanmoins un autre mot d'Atlas ;
Un mot de bon géant qui sert et n'est point las,
Et qui prend peu souci des choses indiscrètes
Dont le voudraient piquer des porteurs de fleurettes.
Les caquets du printemps cessent l'été venu.
Atlas le sait. Qu'importe au grand vieillard chenu
L'orgueil de ces splendeurs qu'un jour de soleil grille,
Que peut ronger le ver, que rase la faucille ?
Elles auront leur jour, et de son front d'aïeul
Quelques flocons tombés leur feront un linceul.
Mais qui viendra raser le poil du vieil Atlas !
A ses vierges sommets l'homme ne grimpe pas,
Il ne saurait les vaincre et sur leurs flancs serviles
Asseoir insolemment le poids bruyant des villes.
Atlas est seul chez lui. Devant sa majesté,
Le temps dort le sommeil de son éternité ;
Ou s'il agit encore et tente quelque ouvrage,
Il met siècle sur siècle à marquer son passage.
Respectueux envers le géant affermi,
Il le traite en confrère, en égal, en ami ;
Il lui fait des beautés lorsqu'il lui fait des rides.
Par des chemins plus creux les torrents plus rapides
Comblent ses vieux volcans qui deviennent des mers ;

D'un manteau de sapins il revêt ses hivers,
Il laisse en ses forêts par les lions gardées
Les cèdres de mille ans dépasser cent coudées.

Etant si haut, si fort, si grand seigneur, comment
Atlas avoûrait-il un vulgaire tourment,
Et, tel qu'un portefaix dont la foule se moque.
Montrerait-il le poids sous lequel il suffoque?
On sent en tout ceci percer quelque rancœur :
Je pense que piqué d'un article moqueur,
Dans ce grand personnage aux tempes détrempées,
Monsieur Hugo s'est vu tout chargé d'épopées,
Et méconnu! Voilà ce qui force le ton.
Rien n'est de trop : Atlas écrase un feuilleton!

Mais vraiment, fallait-il ainsi prendre la chose
Le véritable Atlas ne fait ni vers ni prose :
Laissant à cet emploi le tonnerre et les vents,
Tout autre est son travail sur le sol des vivants.

Il est le réservoir d'où la séve féconde
Descend comme du ciel et pénètre le monde.
Par lui, par le soleil, autre ouvrier de Dieu,
L'eau vierge se marie; elle épouse le feu,
Et de ce bel hymen les fils doux et superbes
Sont les arbres, les prés, les sarments et les gerbes.

C'est à quoi sert Atlas. — Dès le commencement,
Il porte plus qu'un monde, il porte un élément.
Or, je crois que toujours, de son trésor prodigue,
Le vieux géant fera son métier sans fatigue;
Et pour toute réponse à d'ingrates chansons,
Tranquille il donnera les fruits et les moissons.

ENVOI.

O poëte! Ainsi fait, quoique ta rage en dise,
Cet Atlas tout divin que tu hais tant : l'Église!

LE SUICIDE

Se faire sauter la cervelle
Ou s'accrocher à quelque clou,
Que la cause en soit laide ou belle,
Cela me semble lâche et fou.

Mettons que la vie est cruelle,
Et nous mène l'on ne sait où :
Pourtant, qui la craint éternelle?
Qui n'est sûr d'arriver au trou?

S'il existait le moindre doute,
Je concevrais que sur la route
On pût se coucher accablé ;

Mais quand tu dois finir la fête,
O mort! te dévancer est bête :
C'est en herbe manger son blé.

LES MOINES

Je le veux : il n'est pas tout à fait nécessaire
Que l'on voie au Corso traîner les moines blancs. —
Je dis *traîner*, le fait est qu'ils vont à pas lents. —
Ecartons avec eux les noirs, qu'un cordon serre.

Et si les gris encor semblent de trop sur terre,
 Si les bruns à pieds nus sont des gueux insolents ;
Sans arracher la croix, dès demain, le Saint Père
Peut vous ôter, *penseurs*, ces spectacles troublants.

Mais que l'humanité soit pour cela plus saine ;
Que la sottise meure, et la guerre et la haine,
Galvaudin me l'atteste, et pourtant je dis non !

Coupé, le capuchon au dos tombe en giberne ;
Dépeuplé, le couvent s'agrandit en caserne ;
Et si l'on fond la cloche, il en sort un canon.

LE SEMEUR [1]

Seul à son grand labeur sous le ciel inclément,
Le semeur dans le champ promenait sa main lente.
Un charlatan, sonnant sa fanfare insolente,
Sur un tertre voisin monta pompeusement.

Il eut autour de lui la foule en un moment,
Fit ses tours, harangua de façon turbulente,
Flatta fort ces oisons et, séance tenante,
Leur vendit son remède à tous maux, chèrement.

Le semeur dans le champ menait son pas tranquille.

[1] Ce sonnet et une dizaine d'autres ont déjà paru. L'auteur s'est permis cet emprunt, le jugeant nécessaire à la physionomie de son ouvrage.

Le charlatan piqué tança cet indocile :
— Eh ! là-bas, l'homme au sac qui balances ta main,

Sais-tu pas que je vends la vie et l'espérance !
Que fais-tu, quand ceux-ci boivent l'eau de Jouvence ?
L'autre, continuant, dit : — Je leur fais du pain.

NOTRE SIÈCLE

De l'Art et du savoir les secrets colportés
Ne laissent nulle part subsister nul mystère ;
S'il en reste un ou deux au ciel ou sur la terre,
Babinet avant peu les aura dépistés.

Trimm, pour un sou, nous vend les suprêmes clartés,
Et donne en outre un meurtre avec un adultère.
Gallimard et Ponsard commenteraient Homère ;
Nous possédons les *trucs* de toutes les beautés.

Nous n'avons plus besoin pour rien d'un ciel propice.
L'homme vit par lui-même ; il fait, par artifice,
Du soleil, de l'argent, du bœuf, des rois, du vin.

O siècle incomparable et fécond en merveilles !...
Il offense pourtant mes yeux et mes oreilles
Par trop de ressemblance avec Monsieur Havin.

QUITTER PARIS !

T'OSERAI-JE quitter, cher Paris, la grand' ville !
Et quels autres climats trouverai-je meilleurs ?
Où s'épanouit mieux la fleur du vaudeville ?
Où sont plus de bavards, de vantards, de hurleurs ?

Sur plus d'alignement quel monde plus servile
Prend sa loi des journaux, des filles, des tailleurs ?
Quel pavé voit grouiller populace plus vile ?
Je ne saurai jamais tant m'ennuyer ailleurs !

O Paris, entrepôt de choses éculées,
Vieux terrain des recueils, des charniers, des égouts,
Bazar de lieux communs pour tous les hideux goûts !

Chez toi se vend la mort en robes maculées ;
Chez toi le mépris règne et n'est point exigu ;
Chez toi l'ennui devient chronique et reste aigu.

2.

LES SAGES

Entre ceux que j'aspire à ne pas voir souvent,
Je compte des premiers ces amples personnages,
Ces doctes et ces forts qui, pleins de verbiages,
Vont la tête en arrière et le ventre en avant.

Je les trouve partout gonflés du même vent :
Ils savent qu'ils sont gros, ils savent qu'ils sont sages,
Et fiers de tant peser, épanchant des adages,
Ils tiennent pour manqué tout autre être vivant.

Enfermés dans le lard de la fortune faite,
Pour le juste et le vrai leur froideur est complète :
Ils sont placés, rentés, et rien plus ne leur chaut.

Par ma foi, je m'en veux ! mais j'ai des allégresses,
Lorsque je pense au jour, dût-il être un peu chaud,
Qui viendra fondre enfin ces glaces et ces graisses !

VACANCES

Bonsoir, Paris, carogne aimée !
Si quelqu'un vient, je suis sorti.
Me voici hors murs, bien parti,
Loin de ton haleine embaumée.

Vers toi s'envole la fumée :
Qu'elle t'étouffe, et que Titi,
Ton amant le mieux assorti,
Y perde sa voix enrhumée !

Par les soins de tes figaros,
Invite à ton lit des escrocs
Et des Titis toujours plus sales :

Va, gueuse ! et prends-en à mourir ;
Et qu'on te voie enfin pourrir
Dans tes ordures colossales !

GRANDE VITESSE

A toute vapeur! Les futaies,
Les blés, les herbes, les maisons
Prennent le vol; les horizons
S'effilent en changeantes raies.

Vertes, frétillantes et gaies,
Et balançant leurs frondaisons,
Comme un serpent dans les gazons
Se perdent en zigzag les haies.

Vergers, châteaux, aridités,
Fleuves, collines et cités
S'en vont de pareille furie.

Mirage prompt à t'effacer,
Tu nous vois plus vite passer,
Plus vaines ombres de la vie!

VARIATIONS

C'ÉTAIT *une humble église au cintre surbaissé,*
  L'église où nous entrâmes,
Où depuis trois cents ans avaient déjà passé
  Et pleuré bien des âmes (1).

D'où vient l'attrait charmant de ces simplicités?
  Cette parole peu choisie,
D'où lui vient sa douceur? Qui lui fait ces beautés?
  C'est ton arôme, ô poésie!

Sans éclat, sans couleur, jetant à peine un son,
  Cachée, odorante et parfaite,
La poésie est là, comme sous le buisson
  Une touffe de violette.

Elle est là, sur le ciel attachant ses beaux yeux.
  Sa voix sereine est un peu triste;

(1) *Chants du crépuscule.*

Elle parle tout bas, et nous l'entendons mieux
    Que les foudres de Jean-Baptiste.

L'humble église apparaît. On voit l'humble parvis;
    La vieille porte est entr'ouverte...
Je la reconnais bien! Nous entrâmes, suivis
    Des bruits de la campagne verte.

C'était une humble église au cintre surbaissé.
    Avec quel respect nous entrâmes!
Elle était vide, hélas! mais pleine du passé,
    Pleine du long séjour des âmes.

De ces vieux murs tombait, mystérieuses fleurs,
    Sur nos angoisses endormies,
Un baume fait d'encens, de prière et de pleurs,
    Doux présent des âmes amies.

L'oiseau chantait dehors; sur l'autel, par instants,
    Rayonnait un bouquet sauvage;
Et l'église disait : « Veuve à vos yeux, j'attends!
    « Je verrai finir ce veuvage.

« Mon époux est vivant, j'aurai des fils encor.
    « Ce sont maintenant de durs maîtres;

« Mais des enfants meilleurs surgiront de la mort
        « Par la prière des ancêtres. »

Et l'autel indigent et les vieux murs poudreux,
        Et le pavé semé de tombes,
Tout nous faisait entendre un murmure joyeux,
        Pareil au doux vol des colombes.

C'était une humble église au cintre surbaissé.
        A genoux longtemps nous priâmes ;
Et longtemps la prière en nos cœurs a laissé
        Le parfum dont vivent les âmes.

AVIS GÉNÉRAL

Vous êtes de grands fous, gens d'esprit qui croyez
Que l'on se peut passer de Jésus en ce monde !
Jésus est la fontaine, et l'eau courante et monde :
Or voyez le flot noir dans lequel vous grouillez !

Jésus est la fontaine, et l'eau courante et monde :
Or ne savons-nous pas que nous sommes souillés !
Qui donc vous nettoîra, gens d'esprit qui croyez
Que l'on se peut passer de Jésus en ce monde ?

A l'heure des effrois, quand viendra le cercueil,
Quand il faudra franchir le formidable seuil,
Qui rendra sa candeur à l'âme polluée ?

Qui rendra purs les doigts crochus du million ?
Qui dissoudra le fard épais de l'histrion ?
Qui lavera le corps de la prostituée ?

LIVRE II

FRANÇOISE DE RIMINI

D'après de bons auteurs, la *Francesca* du Dante,
Au poétique instant qui finit son destin,
N'avait plus tout à fait la fraîcheur du matin :
Ils parlent de trente ans et même de quarante.

Pour mener ce long bail avec le palatin
Qui fit voir une humeur si mal accommodante,
Il fallait qu'elle fût à tout le moins prudente ;
Mais sagesse ou vertu, dans le feu, rien ne tint.

Un page, un méchant livre, un court accès de fièvre,

3

Voilà l'amour au cœur, le voilà sur la lèvre.
L'époux prit des moyens trop brusques, mais urgents.

Ne l'oubliez jamais, dames au front sévère :
Encor qu'on soit de glace, on est toujours de verre ;
Et tenez loin, très-loin les petits jeunes gens.

CORINNE

QUELS étranges cheveux ondés,
D'un vert d'argent comme les saules!
Sur le marbre de ses épaules,
Ils roulaient en flots débordés.

Mille éclairs sublimes et drôles
Brillaient dans ses yeux décidés :
Démon à jeter tous les dés,
Femme à jouer tous les grands rôles!

Faite d'ailleurs à l'avenant :
Grande, souple, vive, prenant
Tous les esprits, toutes les poses.

Pourtant, Dieu merci, sans danger :
Bête, mais bête à rédiger
Le *Siècle* et les gazettes roses!

MARY

ELLE avait deux profils, l'un grec, l'autre saxon ;
L'un plein de majesté, l'autre de grognerie.
Celui-ci regardait, non sans quelque furie,
Un époux enrhumé qui semblait bon garçon.

Un teint blanc, — toutefois assez poudré de son ;
Un costume élégant, — mêlé de friperie ;
Sur le peplum d'azur, de la verroterie ;
Les cheveux insultés d'un bout de paillasson.

Pour se désennuyer, dans un sac des plus riches
Elle prit et remit vingt affiquets godiches ;
Puis elle lut Dickens, comme on lirait Platon.

L'œil grec semblait de marbre, et le saxon de braise.
Avais-je devant moi Diane ou Margoton ?
Était-ce la pairesse ou la coureuse anglaise ?

SÉVERA

Sans mépriser à fond quelque reste d'appas,
Elle maintient ses droits au rang de vierge sage :
Pour le monde et pour Dieu, son âme et son corsage,
      Tout est réglé comme au compas.

Elle est aussi fort bien tenue en ses repas;
Autant que son discours, austère est son potage.
Pas plus d'amour au cœur que de fard au visage !
      On la dit chrétienne. — Non pas !

De tout point elle est rêche, elle est stricte, elle est chiche ;
En fait de poésie, elle aime l'acrostiche ;
      En fait d'art, les fleurs en papier.

A peindre un tel objet la couleur embarrasse :
Il faudrait des vers froids et nets comme la glace,
      Durs et coupants comme l'acier.

ARABELLA

La chevelure au vent, la jupe retroussée,
Montrant ses dents d'une aune et ses pieds d'un empan,
Miss Arabella Ship, voguant, roulant, grimpant,
Arpente l'univers d'une course pressée.

Que cherche-t-elle enfin, et quelle est sa pensée?
Miss est-elle biblique, — ou dévote au dieu Pan?
On dit qu'elle a frôlé maint et maint chenapan,
Qu'un roi nègre une fois sur son cœur l'a pressée.

Qu'en sait-on? Moi, je crois que miss Arabella,
Téméraire brebis, impunément bêla,
Et que les loups d'accord ont manqué la fortune.

Je lis — fort mal peut-être — en son air ahuri,
Que sa longue innocence à la fin s'importune,
Et se sait trop peu gré de n'avoir point péri.

SERENA

Pour aimable et pour distinguée,
Elle l'est, certes! de tout point.
De plus polie, il n'en est point :
Jamais sot ne l'a fatiguée.

Et quoique chaudement briguée,
Et du plus friand embonpoint,
On la voit toujours de pourpoint
Et de vertu très-endiguée.

D'où vient qu'elle met du carmin?
C'est que le lieutenant Gamain,
Auprès de la neige se fige.

L'an passé le blanc dominait,
Pour tirer le major Panait
Des filets de la pâle Hedwige.

DOLORÈS

CACHEZ vos pleurs, Madame, et votre épaule,
Si vous voulez, — mais, là, sincèrement,
Que le bon Dieu calme votre tourment ;
Ne chantez plus la romance du *Saule*.

C'est la coutume aux dames de la Gaule
D'avoir le cœur en plein déchirement,
Et de rogner trop sur le vêtement ;
Leur deuil n'est triste, hélas ! que de son rôle.

Donc, il faudrait qu'un ange vînt des cieux
Pour essuyer les pleurs de vos beaux yeux.
Et vous brillez un peu plus qu'une étoile !...

Dame, Dieu fit les anges, s'il vous plaît,
Pour admirer la beauté qui se voile,
Et consoler la douleur qui se tait.

LA DIVA

VOTRE voix est souple et légère,
Vos doigts sont souples et légers ;
Listz même est pour vous sans dangers ;
Le reste n'est pas une affaire.

Tous nos lions sont enragés
Quand vous chantez un air de guerre ;
Chantez-vous un air de bergère,
Soudain nos lions sont bergers.

Multipliez vos entreprises
Caprices, polkas, vocalises,
Tout est permis à tant d'appas.

Attaquez tout. Qu'on en fabrique !
Mais Mozart, c'est de la musique :
Charmant objet, n'y touchez pas !

3.

FILLE A MARIER

QUANT à Flora Du Rantin, fille
De monsieur Du Rantin, rentier,
J'en suis d'accord : dans le sentier
De l'honneur parfait, elle brille.

La mère Du Rantin pointille ;
Tel est le droit de l'églantier.
Mais Flora, la fleur, est gentille.
Elle a Rothschild pour papetier.

Elle est folàtre, elle est touchante,
Elle pianise, elle chante,
Et lit les auteurs en renom.

Bref, rien ne t'empêche de prendre
Cet ange très-bouffant, sinon
Que tu balances à te pendre.

LA PRINCIPESSA

On lui reproche un certain air de reine,
Des yeux trop grands, calmes jusqu'au dédain
De songer trop à sa robe qui traîne,
Et de poser pour le profil romain.

A mon avis, elle n'est que sereine.
Quant à sa robe, elle couvre son sein.
Si ce sein bat, je n'en suis point en peine,
Mozart le dit, qui pleure sous sa main.

Pour le profil, certe, il n'est point vulgaire !
Qu'elle le sache et s'en tienne un peu fière,
Je ne vois pas qu'elle outre ici son droit :

Mieux vaut poser en Junon, si l'on pose,
Qu'en Cidalise. Et c'est bien quelque chose
D'avoir le cœur en flammes et l'œil froid.

MARQUISE ET TROTTILLON

Marquise, Marquise, Marquise!
Souvenez-vous d'avoir été
Un petit trottillon crotté,
Qui trottait au soleil l'été,
Qui trottait l'hiver par la bise.

Oubliez, petit Trottillon,
Comment vous devintes marquise :
Un jour que vous trottiez, la bise
Fit voir votre jambe bien prise ;
Cette jambe prit un lion.

Marquise, Marquise, Marquise!
En vos splendeurs, souvenez-vous
Combien le sort vous semblait doux,

De celle à qui votre œil jaloux
Voyait toujours une chemise!

Petit Trottillon, oubliez
Les services que rend la bise!
Des gens qui manquent de chemise,
Qu'il vous souvienne plus, Marquise;
Et cachez mieux vos jolis pieds!

DEUX AMANTS

Vers Monte-Mario nous allions lentement,
Causant de Dieu, de l'Art et de l'âme immortelle.
La journée était claire et le chemin charmant ;
Jamais peintre n'a fait la nature si belle.

Sur un sommet plus doux, planté plus richement,
Parmi les vieux cyprès et la vigne nouvelle,
Un casin, ombragé de verdure éternelle,
Reflétait ses balcons dans le Tibre dormant.

Comme un grand livre ouvert, la campagne romaine
Nous déroulait au loin toute l'histoire humaine,
Et ce beau jour avait les calmes de la nuit.

Or, quand nous rêvions là, qui d'amour, qui d'étude,
Deux amants internés dans cette solitude,
Achevaient un bézigue et se crevaient d'ennui.

SUZETTE

COMBIEN je te sais gré, Suzanne, brave fille,
De tes pauvres habits et de ton teint hâlé!
Que j'admire ton front de sueur emperlé!
Que j'honore ta main durcie à la faucille!

Tout l'été dans les champs, tout l'hiver à l'aiguille,
Jamais de ton grand cœur un soupir exhalé
N'a trahi des soucis dont tu n'as pas parlé.
Ta vie est un devoir, ange de la famille.

Nos garçons les mieux faits et de meilleur renom
Sollicitent ta main, et tu leur as dit : « Non!
« Non, car Dieu m'a liée et je garde ma chaîne! »

Et paisible, vouée à ta mère, à tes sœurs,
Pour ta beauté perdue en de si durs labeurs,
Il n'est pas un regret dans ton âme sereine.

A MON AMI TRÈS-CHER ET TRÈS-HONORÉ

F. LALLIER

Président du tribunal de Sens.

La pâle jeune veuve, attendant d'être mère,
Amante encor, pleurait; mais parfois, souriant,
Sous le poids de la vie et de la mort ployant,
Elle disait : « Mon deuil aussi n'est qu'éphémère! »

Celui que par amour elle appelait son père,
Voyait ce cœur brisé redevenir vaillant.
Un jour elle lui dit : « Dieu montre à ma prière,
Sous un brouillard de pleurs mon soleil plus brillant.»

Elle ajouta : « Le choix m'est donné, de la tombe

« Ou du berceau : l'amour sur l'un et l'autre tombe ;
« Dieu choisira pour moi. L'un et l'autre m'est doux. »

Un bel enfant naquit. Ô fête douloureuse !
Elle dit à l'aïeul : « Je m'en vais bienheureuse :
Je vous rends votre fils, Dieu me rend mon époux. »

ANGÉLIQUE

PRÉFACE.

C'EST un poëme en mètre alexandrin,
Dont le sujet me semble encore aimable.
Le rhythme est vif, et je crois, très-sortable ;
La rime bonne et même d'un beau grain.

Ce que je prouve ? Hélas ! j'ai le chagrin
De ne pouvoir ici, Lecteur affable,
Répandre à flots la clarté désirable.
Je voyais clair lorsque j'étais en train.

Sous certain ciel quand mon esprit chemine,
Tout l'horizon quelquefois s'illumine ;
L'instant d'après, tout est nuit et brouillard.

Lis cependant. Je dirai, si je l'ose,

Qu'au fond tu dois rencontrer quelque chose
Dans ce babil sur l'Amour et sur l'Art.

———

Valère courtisait Angélique, déesse
Sans éclat surhumain qu'un million comptant.
Elle laissait aller tout doucement. Était-ce
Coquetterie, ennui, bon vouloir ou paresse?
Un duc passa, s'offrit, fut pris au même instant.

Plus d'une fait ainsi, plus d'un aussi les blâme :
« C'est trop aimer les ducs! » Moi je n'y reprends rien.
Un duc pour le galon mal aisément s'enflamme;
Et c'est un goût permis de n'être pas la femme
D'un employé ni d'un académicien.

Et puis l'on entendra ces mots qui tiennent place :
« Madame la Duchesse est servie! » Ajoutons
Qu'il s'agissait d'un duc bon teint, vraiment de race.
Il n'avait point le bras ni l'humeur d'un Horace,
Et n'était pas non plus du club des Avortons.

Rien n'annonçait qu'il dût, au seuil de l'écurie,

Submerger sa cervelle à grands flots de vin bleu,
Ni faire dans la dot une grosse avarie,
Ni plaquer son blason sur des trucs d'industrie,
Ni battre sa duchesse en rentrant tard du jeu.

Galant homme évident! L'on imagine à peine
Combien de son beau-père il semblait peu troublé ;
Il se félicitait de se l'être accolé,
Le montrait, l'embrassait, et prononçait sans gêne
Son nom aussi commun que la vigne et le blé.

Valère moins content devint mélancolique.
On le voyait mourir. Ses amis étonnés
Crurent pieusement que, froid pour l'Angélique,
Il honorait si fort le bonheur métallique
Qui, j'ai regret au mot, lui passait sous le nez.

Nullement! Il aimait comme un fou, comme on aime;
De cet amour de rêve aux vieux romans décrit.
Il aimait non la dot, mais la fille elle-même,
Le petit rien, la forme impondérable et blême
Dont personne n'avait vu le corps ni l'esprit.

Et notez que c'était le plus vif camarade,
Ami des chocs, du bruit, rendant dix coups pour un.
Par où donc le tenait cette ombre de naïade?

Nul ne pouvait trouver un sens à la charade,
Sinon que sa cruelle était blonde et lui brun.

Mais puisque rarement ces histoires sont claires,
Et que le cœur humain, — Pailleron le dirait ! —
Surtout lorsqu'il l'ignore, enferme son secret,
J'abandonnai l'enquête ; et devant ces mystères,
Ma curiosité cessa d'être en arrêt.

Il faudrait explorer Charenton et Pontoise,
Pensai-je, et s'en aller par delà l'horizon.
La raison de l'amour ! Une rime gauloise
Chante : « Qui donc a vu dans la même maison
« Loger beaucoup d'amour et beaucoup de raison ?»

Est-ce vrai cependant ? Quand le Gaulois rimaille,
Il veut faire avant tout l'aimable et le bandit ;
Il doute de l'amour, il sifflotte, il gouaille ;
Le plus pauvre clinquant lui semble une trouvaille ;
Sitôt qu'il a pu rire, il croit avoir tout dit.

La rime du Gaulois, quoique leste et sonnante,
Nous laisse plus d'un point encore à découvrir.
Car enfin cette chose est deux fois étonnante,
Qu'ici l'amour germa sans voir la dot charmante,
Et que le pauvre amant trahi voulut mourir.

Mourir, il n'en vint pas à bout. Mais de revivre,
De supporter le monde où pâle il reparut,
L'effort fut impossible à son cœur toujours ivre.
« — Qu'une autre mort, dit-il, accoure et me délivre ! »
Il entra dans un cloître, et sa flamme y mourut.

Ou plutôt, je le crois, comme un ange qui tombe,
Ne pouvant pas mourir ni remonter aux cieux,
Il refusa de voir des jours moins radieux.
A défaut de la mort, il se donna la tombe,
Et s'y refit le ciel qu'avaient perdu ses yeux.

Heureux qui sait creuser de nobles sépultures
Aux débris que lui laisse encor le coup mortel ;
Qui, chassant le vautour friand de ces pâtures,
Quand le dieu disparaît, se cache aux créatures,
Et du brasier humain fait un feu pour l'autel !

———

Cependant, très-rangée et même coutumière,
Incolore toujours, bonne femme en son fonds,
Angélique vivait heureuse à sa manière,
Sans accuser le sort, sans lamenter Valère,
Sans paraître adorer son duc ni ses chiffons.

Elle tenait fort bien sa maison et sa table ;
Dans le monde, au théâtre, à la cour, en tout lieu,
Elle était... Que dirai-je ? Elle était respectable.
Et songeant à l'absent, je disais : — Comment diable,
Faute de cet objet, eut-il besoin de Dieu ?

Me voilà relancé dans l'épais du problème :
L'amour est-il donc tant ! Et ces prétendus fous
Ont-ils de si près vu la volupté suprème,
Que lorsqu'ils l'ont manquée, il leur faille Dieu même
Ou la mort ? Quel heureux n'en deviendrait jaloux !

Et quel sage ennuyé des pauvretés du monde,
Devant cette folie aux sublimes ampleurs,
N'invoquerait sur soi sa lumière féconde,
N'appellerait ce fer dans la veine profonde
D'où jaillissent soudain tant de flamme et de pleurs !

Et je cherchais toujours, honteux vraiment et triste
De si peu m'y connaître et de chercher en vain.
Ce fut l'excellent Duc qui me mit sur la piste.
Un jour, innocemment, il me dit qu'un artiste
Avait peint la duchesse avec un art divin.

Et puis, sans y penser, comme le roi Candaule,
Avec le même orgueil quoique plus sobrement,
Lui-même il la peignit [s'arrêtant à l'épaule],
Mais d'un air, mais d'un feu!.. Ceci changeait mon pôle :
Dans ce discours passaient des souffles chauds d'amant.

De l'amant à l'époux avait transmigré l'âme,
Angélique était belle aux yeux de son mari !
Il se transfigurait me parlant de sa femme ;
Je revoyais Valère et je sentais sa flamme :
Dites si ce n'est pas pour en être ahuri?

Amour, amour, amour, ô créateur étrange !
Car enfin cet époux n'était pas né volcan ;
Mais il avait reçu l'attouchement de l'ange :
Il vivait, il aimait, il chantait ; sa louange
Avait l'aile et la fleur, il était éloquent.

Oui, Messieurs, oui, le Duc ! Et tout fiers que vous êtes,
Peut-être il vous faudrait boire bien du café,
Mâcher bien du hatchish, humer bien des poëtes,
Pour trouver les mots fins et les choses honnêtes
Que disait ce mari par l'amour surchauffé.

Ne lui supposez pas cet air d'homme qui forge,
Et fait sa Galatée autre qu'elle posa :

Ce n'était point Hébé, Circé, Sapho, ni George;
Il ne prétendait pas qu'elle eût rien dans la gorge
Qui valût la Patti, moins encor Thérésa.

Il ne lui donnait pas le prix de la parure?
Et ne récitait point des bons mots qu'elle eût faits.
Quant à ce qu'il disait, c'était comme un murmure,
Un mélange chantant d'ombre claire et d'eau pure
Qui glissait sur le cœur et le mettait en paix.

Ainsi notre Angélique avait fait deux miracles :
Un moine d'un amant, un amant d'un mari ;
Et le tout sans un crime et sans rendre d'oracles,
Et sans renouveler l'affiche des spectacles,
Et bref, sans que sa dot eût fait feu ni péri !

Ne soupçonnez-vous pas ici du sortilége,
Mesdames et messieurs? Et si je disais tout !
Des taches de rousseur pointillaient sur sa neige,
Elle ne hantait pas le bois ni le manège,
Ni Worth; elle ignorait les mérites d'About.

Elle n'avait point lu Sibylle, ce doux livre
Qui fit verser des pleurs tant, que Monsieur Feuillet
En devint importun à Buloz qu'on mouillait.

Dès le chapitre trois, renonçant à poursuivre,
Elle dit pour raison que cela l'ennuyait !

———

Causant ainsi, le Duc ouvrit le sanctuaire
Où le portrait fameux trônait encadré d'or.
Un seul regard suffit : je tenais le mystère,
J'avais le mot de tout ; je comprenais Valère
Et l'époux amoureux et quelque chose encor.

Aucun mensonge ! Rien, sur la toile vivante,
Au modèle muet ne semblait ajouté.
C'était son buste frêle et sa lèvre indolente,
C'était sa chevelure atone et peu savante,
Son œil sans flamboiements, — et c'était la Beauté.

Je regardais encore : Oh ! l'aimable visage !
Comme parfois sous l'herbe on devine la fleur,
L'art du peintre faisait chanter dans cette image
Je ne sais quel reflet d'âme profonde et sage
Et faite pour tout vaincre, — et c'était la Douceur.

Le corsage fermé par la pudeur jalouse,
Le fidèle regard sur le ciel arrêté,

Promettaient à l'amour plus que la volupté :
C'était la vierge encor qui vivait dans l'épouse,
C'était l'honneur, la paix, — c'était la Chasteté.

Et je compris les pleurs que l'amant dut répandre,
Et je compris l'époux qui chantait son bonheur ;
Et je connus aussi la femme forte et tendre
Qui hors de sa maison, sur la boue et la cendre
Savait ne rien verser des choses de son cœur.

Or sa grâce parfaite était cachée en elle,
Fleur de son âme saine et de son cœur charmant.
Mais cette beauté-là, cette fleur immortelle,
L'amour seul en jouit et l'art seul la révèle.
L'art, c'est aussi l'amour ; le peintre est un amant.

L'ÉTRANGE BORDELAISE

PRÉFACE.

J'ai connu dans mon jeune temps
Les trois héros de cette histoire,
Et je l'écrivis pour la gloire
De leurs feux purs et persistants.

En ce temps-là, de l'écritoire
Les vers sortaient gais et chantants.
L'encre même est bleue au printemps;
Elle vieillit et devient noire !

Je chantais, mais j'étais perclus
De doutes sots que je n'ai plus ;
En maints passages on les devine.

A présent que je me fais vieux,
Je rirais moins. Je comprends mieux
Et les héros et l'héroïne.

I.

AVEU DU CAPITAINE DE VAISSEAU
REVIZARD DE POUPADYNDE.

« L'Italienne entre deux âges,'
L'Anglaise à son dernier printemps ;
La Russe abordant les parages
Où vont chantonner les autans ;

« L'Allemande, quand ses corsages
Ont besoin de plus d'arcs-boutans ;
La Hollandaise aux discours sages,
Une heure après qu'elle a vingt ans ;

« L'Espagnole, l'Américaine
Tout aussitôt que la trentaine
Vient boucaner leurs traits charmants ;

« Moi, Revizard de Poupadynde,
4.

Expert, dix fois retour de l'Inde,
J'appelle ça des caïmans!...

———————

« Me dira-t-on : — Et la Française,
Poupadynde, qu'en pensez-vous?
Je réponds : — Je suis mal à l'aise ;
Certes! le diable est là-dessous.

« Je me suis trouvé dans la braise,
Moi qui vous parle, et d'autres fous,
Et nous avons fait les cent coups
Pour une étrange Bordelaise.

« Je n'y peux penser sans effroi :
Elle avait quarante ans, je croi!
Fort longtemps je poussai mes flammes.

« Or, s'il vous plaît, je n'en eus rien,
Mais rien du tout!... Sachez-le bien :
Les Françaises, voilà des femmes!! »

———————

— Commandant, quelle histoire étrange!
Fûtes-vous tous si malheureux?

« — Ne m'en parlez pas, c'est affreux ;
Ma cervelle encor se dérange.

« Elle avait le teint d'une orange,
Un grand œil froid comme les cieux :
Avec cela, vingt amoureux
Qui tous la proclamaient un ange.

« Et quels amoureux, s'il vous plaît ?
J'étais un gaillard fort complet,
Et capitaine de corvette.

« Comment tirer la chose au clair ?
Comprenez-vous un loup de mer
Dévoré par une crevette ! »

—————

— Était-ce un ange, Commandant,
Ou quelque fort millionnaire ?
« — Un ange, un ange !... En telle affaire,
Prononcer me semble imprudent.

« Qu'est-ce qu'un ange ?... Cependant
Je ne dirai pas le contraire.

Mais quant au reste du mystère,
Non! l'or n'était pas son mordant.

« Sévère, mûre, taciturne,
Et fort peu de sequins dans l'urne,
C'est sur ce pied qu'on l'épousait !

« Le chef d'escadron Chéradame,
Refusé comme moi, disait :
Ange ou diable, c'est une femme ! »

————

— Commandant, s'il vous plaît, tirons,
Tirons plus au net l'aventure :
Chéradame et vous, des lurons,
Des gens et de carrure,

Et très-peu fait pour les affronts,
Refusés !... C'est contre nature.
Quelle était donc la créature
Qui vous cousait de tels chevrons ?

« — Eh! sacrebleu, Monsieur, le sais-je ?
La fée avait son sortilége
Et m'a laissé tout ignorer.

« J'ignore même, sur mon âme,
Si j'en voulais faire ma femme
Pour la battre ou pour l'adorer ! »

« Mais fou, — je dis fou! — ma parole.
Je l'étais, et parfaitement !
J'ai connu l'amoureux tourment,
Oui, mon cher Monsieur. Rude école !

« J'ai fait des vers! Mon bâtiment,
Un vrai chaudron, jouet d'Éole,
Occupait moins ma tête folle
Que cet absurde sentiment.

« J'étais jaloux, confiant, bête.
Je la voyais par la tempête,
Comme un génie austère et beau.

« Une nuit, sous l'onde sereine,
Elle m'apparut, — et j'eus peine
A ne pas faire un trou dans l'eau !

« J'allai me distraire à Mascate.

J'étais fort bien avec l'Iman.
Ce petit prince musulman
Avait une âme délicate.

« Je crains que ta raison n'éclate,
« Me dit-il ; prends un talisman :
« Dans mon harem, par Soliman !
« J'en ai de rares, je m'en flatte. »

« Il me donna, ma foi, la clé.
L'aventure m'eût consolé,
Jadis, de maint et maint déboire ;

Mais tel était alors mon cas :
Cette clef, je n'en usai pas !
Est-ce chose qu'on puisse croire? »

————

« Tout ce que l'on dit de l'amour,
Tout ce que l'on en saura dire :
Ce ravissement, ce martyre,
Cette colombe, ce vautour;

« Cette douceur qui tour à tour
(Même à la fois) charme et déchire ;

Ce désespoir, cet espoir pire
D'où tombe un désespoir plus lourd ;

« Ces transformations étranges,
Ce feu qui calcine les fanges
Et glace le tempérament,

On n'y croit pas ! Mais tout arrive.
Je l'ai senti. Que j'y survive,
Je m'en étonne énormément ! »

———

« Oui, durant trois ans, je fus ivre.
Ma raison m'avait planté là.
Et ce temps d'ivresse fila
D'un train que nul vent n'eût pu suivre.

« J'ai vécu comme dans un livre.
La mort maintes fois me frôla.
Mais quelle ivresse ! C'est cela,
C'est cela que j'appelle vivre !

« J'oubliais mon avancement ;
Je ne songeais qu'incidemment
Au ministre de la Marine.

Mais pour qu'*Elle* entendit mon nom,
Une nuit j'allai, sans canon,
Raser un vice-roi de Chine! »

———

Ici, moi-même un peu « rasé »,
Je demandai la fin. Mon homme
Dit : — «Morte! » Il reprit : — «Mais en somme,
Je ne fus pas trop écrasé.

« Voyez-vous, j'étais envasé!
Je ne faisais plus un bon somme.
Voulais-je ou non croquer la pomme?
N'avais-je pas un peu posé?...

« Elle mourut. Nous la pleurâmes.
Et sous nos pleurs vivent nos flammes;
Et moi je cherche chaque jour,

« Sans trouver — le diable m'emporte ! —
S'il me plait d'avoir de la sorte
Connu l'amour, — l'atroce amour! »

———

ÉPILOGUE.

O Revizard de Poudadynde !
Et moi je vous proclame heureux,
Noble galant de qui les feux
— Froids, — ont éteint les feux de l'Inde.

Être à la folie amoureux,
Pleurer, rugir, grimper au Pinde,
Et par la mort de Rosalinde
Manquer un bonheur désastreux ;

Emplir son cœur de tels arômes,
Conserver fraîche dans ces baumes
La fleur qu'eût fanée un baiser,

C'est une chance peu commune,
Et qui montre que la fortune
Jette bien ses dons sans viser.

INTERMÈDE.

Je rimaillais. Boileau m'apparut, et me dit :
« Alcippe, il est donc vrai ! par un furtif commerce,
« A transgresser la loi ton faible esprit s'exerce,
« Et fait faire au sonnet un métier interdit ? »

Boileau, chez moi, n'est pas de ces gens sans crédit.
Je donnai mes raisons, et ce fut une averse.
Il reprit : « Le chemin où toujours chacun verse,
« Est le chemin mauvais, non le chemin hardi.

« Un sonnet sans défaut vaut seul un long poème...
« Soit ! Mais n'en tire pas la conséquence extrême
« Qu'un poème en sonnets puisse être sans défaut.

« C'est ainsi que l'on crée aux temps de décadence :
« D'un monstre avec effort accouche l'impuissance ! »
Il se tut. Je changeai de rhythme, assez penaud.

II.

EXPLICATION DU LIEUTENANT COLONEL CHÉRADAME.

Monsieur Chéradame est un grand pincé,
Pinçant officier de gendarmerie.
Je mis le propos sur la Walkyrie,
Dont mon Poupadynde est encore blessé.
Il me répondit : « Pour moi, c'est passé ;
Mais je ne crois pas que jamais j'en rie !

« J'avais commencé, ma foi, plus par jeu,
Plus pour me donner un sujet d'étude
Que par sentiment, de quoi j'ai très-peu.
Elle était dévote, et même assez rude :
Je voulais troubler sa béatitude,
Et voir en son cœur ce que pesait Dieu. »

— C'est du don Juan, dis-je, ô militaire !
« — Oui, répondit-il ; voilà le mystère :
Triompher de Dieu, c'était le grand prix.

Notre gros marin n'a pas bien compris
Ce fond du secret, ce nœud de l'affaire.
Or, Dieu tenant bon, nous y fûmes pris.

« D'autres avec nous, vous savez l'histoire,
Vinrent se brûler au cierge innocent.
J'en ai bien connu presqu'un demi-cent!
C'était dans Bordeaux une peste noire.
Tous ces assaillants du grand Cœur d'ivoire
Formaient un parti, non le moins puissant.

« Parole d'honneur! un préfet capable
Eut utilisé cette force-là.
C'est étonnant, comme elle ensorcela
Les sages, les fous, les saints et le diable.
Un est devenu dévot incurable ;
Quant à moi, vraiment, elle m'endiabla.

« J'en voulais venir à bout. Chose étrange,
Que l'on puisse ainsi, sans être nouveau,
Se mettre à l'envers l'âme et le cerveau !
Je tendis mes fils, mais en vain. Notre ange
Ne me laissa point dépasser la frange ;
Je perdis ma peine et mon écheveau.

« Il faut l'avouer, devant cette altesse,

Personne au complet n'avait ses moyens.
Elle vous ouvrait un œil de prêtresse
Qui semblait neiger sur vos feux payens;
Elle vous coupait aux doux entretiens
Par le bon conseil d'aller à la messe !

« On était glacé. Vous dire comment,
Enragé, confus, l'esprit en alarme,
On y revenait : c'est l'effet du charme.
Elle avait cela naturellement.
Point d'art ni de fard ! J'en fais le serment
Comme homme du monde et comme gendarme.

« Et ne croyez point que j'ai peu cherché.
J'ai connu son cœur, j'ai connu sa vie :
Mille amants toujours l'avaient poursuivie ;
Sur mille, pas un qu'elle eût alléché !
La femme envers eux n'avait point péché.
Par une autre amour elle était ravie.

« Elle aimait son Dieu plus que tout. Voilà !
Il fallut enfin le voir et se rendre.
Avec mon espoir ma flamme fila.
Je conclus ceci : Toute femme est tendre ;
Et lorsque l'amour ne la peut surprendre,
Je dis que l'amour est logé par là. »

III.

RÉVÉLATION DU TROISIÈME.

Un autre amoureux de la Bordelaise :
Le numéro trois ! Les verrai-je tous,
Ces pauvres martyrs, ces trop heureux fous ?
Ce troisième enfant chante la fournaise,
Et semble n'avoir subi qu'un feu doux.

« Un est devenu dévôt incurable : »
C'est celui-là même. Il en fait l'aveu.
Il conte comment son incomparable,
Deux fois l'a blessé d'un amour durable,   -
Pour elle d'abord, ensuite pour Dieu.

———

J'avais, a-t-il dit, suivi de sots maîtres,

Et fort sottement j'étais empêtré
De conceptions sur l'Être et les êtres,
Pris de toutes parts, enlacé, vitré,
Pataugeant de Rome à monsieur Littré.

Quand je lui parlais de ces grandes choses,
Elle écoutait tout sans rire moqueur;
Puis elle disait un mot, mais vainqueur.
Ainsi je sortis des métempsychoses;
Une paix charmante enivra mon cœur.

Plus d'un l'a pensé : j'étais fou sans doute.
Soit! Qu'il me manquât le sens ou le jour,
Sa bénigne main me rouvrit la route;
Sa parole en moi versa goutte à goutte
La raison, la paix, et surtout l'amour.

Je n'en savais rien. La clarté sereine
Qui colore tout se laisse ignorer.
Je m'assouvissais de voir, d'admirer.
Vivant par l'amour, j'y pensais à peine,
Et c'était pour moi comme respirer.

Revinrent des jours d'angoisse profonde.
Oisif, riche et nul, je me désolais.
— Affranchissez-vous du joug des valets,

Dit-elle, quittez les biens de ce monde.
Je lui dis : — Madame, hélas! prenez-les!

Elle répliqua : « Vous pouvez mieux faire.
« Pour mon compte, moi, j'ai déjà fait mieux.
« Je n'ai point tracé de plans pour la terre :
« Quant à mon tombeau, je n'y songe guère ;
« Quant à ma maison, je la fais aux cieux!

« Or, cette maison, la prière en creuse,
« Dans les champs de Dieu le fondement sûr ;
« De l'amour divin la main généreuse
« Y pose en jouant la voûte d'azur ;
« Mais tout autre amour fait crouler le mur.

« Et quels ouvriers, en ce grand ouvrage,
« Nous peuvent aider? Vous le voyez bien :
« Les hommes et l'or n'y servent de rien.
« Il y faut le cœur, et pas davantage...
« Mais ce cœur qu'il faut, c'est le cœur chrétien. »

Elle poursuivit sévère et riante :
« — Méditez un peu sur le Dieu jaloux!
« Quant à moi, c'est fait, il est mon époux.
« Je suis votre sœur et votre servante.
« Vous prîrez pour moi, j'ai prié pour vous. »

Comme un feu d'autel sa grave parole
Changeait en parfum mon amour broyé.
Son front rayonnait. J'ai vu l'auréole !
En mon cœur plus libre et pourtant lié,
Je le sentais bien qu'elle avait prié !

Je ne tardai pas. Sortant de chez elle,
J'allai chez un pauvre et le fis rentier.
Le goût s'en suivit, j'y sentis du zèle.
Elle gouverna mon ardeur nouvelle ;
Sa raison encor m'apprit ce métier.

Je l'ai vue alors ! J'ai, dans la mansarde,
Dans l'affreux logis par la faim hanté,
Entre les murs froids où la nuit s'attarde,
Parmi ces horreurs de la pauvreté,
J'ai vu resplendir toute sa beauté.

Elle était la paix, l'espoir, l'harmonie,
De ses vêtements sortaient des lueurs ;
J'ai baisé des fronts où sa main bénie
Avait rafraîchi d'ardentes sueurs,
Et par son contact vaincu l'agonie.

Il se déclara lorsque vint son tour,
Ce Dieu qu'elle aimait d'une âme si forte :

5.

Gardant sa beauté comme son amour,
Au pied de l'autel il la prit un jour.
Du pied de l'autel on l'emporta morte.

J'ai vu dans la mort ses traits embellis ;
Dans l'amour je vois éclater sa gloire.
Par mon souvenir désensevelis,
Ce nom et ces traits sont, en ma mémoire,
Le nom de l'amour et l'odeur des lys.

———

Ainsi m'a parlé ce dévôt. Je compte
Qu'après le marin rond et ruminant,
Et le sec gendarme au style éminent,
Il soutient encor l'intérêt du conte,
Et n'y paraît pas le moins étonnant.

Sans mentir, je crois rêver quand j'écoute
Ces hommes férus d'un coup si profond.
De vrais amoureux, cela vous confond !
Ils ont enragé, je n'en fais nul doute ;
Je les trouve tous trop heureux au fond.

Le dévôt surtout. Sa belle aventure,
Si je me connais, m'aurait fort tenté.
Il en a, s'il veut, pour l'éternité.
N'est-il de bonheur parfait qu'en nature?...
A vivre par là, j'en aurais été !

LIVRE III

UN TISSEUR DE SONNETS

Un faiseur de sonnets qui travaille en province,
Mais au goût de Paris, et qui s'y prend, ma foi,
Aussi bien que Banville et beaucoup mieux que moi,
M'a fait lire à peu près son recueil, d'ailleurs mince.

J'ai trouvé là dedans des vers de bon aloi,
Du français très-passable, et du gaulois qui pince.
Le mal est que l'Auteur, toujours content de soi,
Fait assez de faux-pas, et, croyant rire, grince.

On voit que son morceau lui semble mieux venu,

Plus craquant, plus galant, plus digne de mémoire,
Lorsqu'une impiété perce et s'y montre à nud.

C'est ainsi que Lyon, où ce chantre est en gloire,
Etale sous nos yeux brocard, velours et moire ;
Mais parmi tout cela, laisse voir le canut.

LE MÊME.

Un enfant d'Apollon, pris du sacré délire,
Va par la rue, heurtant les passants alarmés,
Rentre, met ses deux poings sur ses yeux enflammés,
Fait cent contorsions, souffle, geint, se détire,

Jette sur le papier des mots mal conformés,
Rature, rétablit, biffe encor, remet pire ;
Et de quatorze vers bien rimés, très-limés,
Accouche après deux jours de travail, pour vous dire,

Qu'on lit sur son papier, billet d'enterrement :
« L'Amour est... décédé muni du sacrement. »
Et tel était l'objet de tant d'efforts robustes.

Mais tout est bien payé par cet heureux trait-là ;
Le poëte est content et se repose. Il a
D'un seul crachat couvert deux choses très-augustes.

DU MÊME (1).

Frère, c'est bien parler. Foin des sonneurs de cor !
Où maint aigle a brisé son front faute d'espace,
L'avette de Ronsard passe libre et repasse,
Car l'horizon des fleurs suffit à son essor.

Alvéole et sonnet tiennent la même place,
Et la muse gauloise est sœur des mouches d'or :

(1) Le sonnet précédent, publié dans les *Odeurs de Paris*, est parvenu jusqu'à « l'enfant d'Apollon » qui l'avait inspiré, et semble lui avoir inspiré à son tour la repartie que voici. Elle est fort joliment tournée, suivant l'habitude du poëte, mais pleine, à la fin, d'une rage mal contenue qui sent bien le favori des muses. Les meilleurs poëtes ont toujours comparé à d'horribles bêtes quiconque les sifflotte un peu. Si je me trompe, et si je ne suis pas le *béat escarbot* qui *s'ébat dans les odeurs fétides et les bares*, j'aurai toujours fait voir avec quelle habileté M. Josephin Soûlary tisse les vers. On a de lui une centaine de sonnets que l'on peut hardiment comparer aux plus belles soieries de Lyon. Quant à l'esprit qu'il y met (lorsqu'il y met quelque chose), je dispute. Cet esprit blesse extrêmement mes croyances, et je ne vois pas pourquoi j'aurais dû éviter de m'en plaindre, puisque M. Soulary n'a pas évité de s'en glorifier. Il ne me serait pas difficile d'y signaler « des odeurs fétides et des bares. »

Leur murmure est musique, elle en retint l'accord ;
Leur forme est élégance, elle en garda la grâce.

Sonnons comme l'abeille, et, comme elle, volons,
Ni trop haut ni trop bas, des coteaux aux vallons,
Cueillons les sucs divins et les senteurs suaves,

Tandis qu'au sol cloué par l'élytre exécré,
Le béat escarbot, stercoraire sacré,
S'ébat dans les odeurs fétides et les baves.

AU MÊME.

Tu te donnes, tisseur, d'amples et riches vestes,
L'or en charge les plis savamment contournés;
Tu te plantes au front des plumets fortunés;
Tu fais dans ces velours, quelquefois, d'heureux gestes.

On dirait d'un émir, roi du glaive et des pestes !
Tu jures par Mahom en vers déterminés;
Et montrant tes Kandjars, très-bien damasquinés,
Tu promets au chrétien des coups drus et funestes.

Il est là, devant toi, d'humble fer revêtu,

Sans faste, sans suivant, comme déjà battu;
La croix pour tout décors sur son habit de serge.

Sois néanmoins prudent, beau sarrasin doré;
Prends garde, tiens-toi loin de sa claire flamberge.
Par monsieur saint Louis! tu serais perforé.

MARSYAS

Dans ce grand Vatican tout rempli de merveilles,
A l'angle d'un plafond des peintres recherché,
L'on voit par Apollon Marsyas écorché.
Les témoins sont les saints et les muses vermeilles.

Au tronc d'un arbre mort le rimeur accroché,
Baisse son front couvert de hontes non pareilles.
Du pitoyable sort de l'écorcheur d'oreilles,
Le dieu tranquille et fier semble fort peu touché.

L'œuvre est de Raphaël. Depuis le second Jules,
Longtemps sous ce plafond se signèrent les bulles.
Lieu presque saint! Bastide y tenait ce discours :

Marsyas n'est point là par caprice ou rencontre :
Il enseigne. Or, tenez pour très-certain qu'il montre
Comment l'on doit traiter Marsyas, — et toujours!

NOS PAÏENS

Ces païens enragés que l'on voit par essaims
Envoler tous les ans de l'École normale ;
Ces grands adorateurs de Vénus animale,
Qui parlent de reins forts et de robuste seins,

Regardez-les un peu : la plupart sont malsains.
Cuirassés de flanelle anti-rhumatismale,
Ils vont en Grèce avec des onguents dans leur malle,
Et ne peuvent s'asseoir que sur certains coussins.

Tel jure par Hercule et par les Grâces nues,
Qui porte un dos voûté sur des jambes menues
Et n'a ni cœur, ni voix, ni poignet, ni jarret.

Pied-plat ! que n'es-tu né dans ta Sparte si chère !
Bâti comme tu l'es, plein de honte, ton père
T'aurait fait disparaître au fond du lieu secret.

REPROCHE D'AMI

Abbé, votre photographie
Nous prêche autrement qu'il ne faut !
Je prise mal ce porte-haut,
Cette attitude qui défie.

Trop de fanfreluche amplifie
Cette simarre et ce chapeau ;
Mais un plus fâcheux oripeau
Tire l'œil et me scarifie :

C'est ce brimborion luisant,
Ce gros crachat de courtisan,
Cette sorte de Cidalise...

J'aime mieux voir Dumas vainqueur,
Lorgnant miss Menken sur son cœur :
Il n'est pas en habit d'église !

QUIA PULVIS ES

Il sonnait l'épopée en plein Louis-Philippe
Et cliquetait encor après Ledru Rollin,
Non sans admirateurs ! Viennet, ce malin,
Le crut né de Virgile au pied du Pausilippe.

Il vit sur le Parnasse, à la fois vide et plein,
Grimper l'enjambement, le mot propre et la pipe ;
Mais gardant la césure et le reste (en principe !),
Lorsqu'il fila du chanvre, il le nomma du lin.

Il fondit le dernier 'alexandrin sévère,
Il porta le dernier carrik de couleur claire ;
Heim le peignait en foudre et l'œil au ciel fixé.

Tout Paris tout en pleurs courait ses tragédies...
C'était hier, et pourtant, ô muses applaudies,
Voyez comme Soumet est loin dans le passé !

LE SONNET

Pour le sonnet, huit ou dix pieds !
A douze, il prend des ampleurs lourdes ;
Le remplissage y met ses bourdes,
Vain bâton des estropiés.

Que de fléaux multipliés !
Les longueurs, les emphases sourdes,
Les adjectifs creux comme gourdes,
Chargent les vers humiliés.

Les douze pieds, c'est la charrette.
Pégase regimbe, il s'arrête,
Voyant qu'il faut prendre le pas.

Libre de cette peur fatale,
Sur huit pieds, fringant il détale,
Et s'il crève il ne traîne pas.

L'OISEAU BLEU

Quelque chose qui tintait clair,
Riait dans la voix de ce drôle ;
Il chantonnait son bout de rôle
Allégrement, le nez en l'air.

Il avait l'accent de la chair
Qui rugit quand la chair la frôle,
Et l'on crut voir sur son épaule
L'oiseau bleu, qu'il faut payer cher.

Chez les revendeurs on suppute ;
A prix d'or on se le dispute ;
Barnum enfin l'a surpayé.

Pauvre Barnum, quelle ecchymose !
Son ténor n'avait que la pose,
Et l'oisel était empaillé.

· PLEIN-D'AMOUR

PLEIN-D'AMOUR est sans nul mépris
Pour toute femme qui chancèle ;
Mais Plein-d'amour condamne celle
Qu'il trouve ferme sur ses prix.

Admirer tous les nouveaux christs,
C'est à quoi Plein-d'amour excelle ;
Mais contre l'ancien, sa crécelle
Prétend ameuter les esprits.

Plein-d'amour, philanthrope intègre,
Imprime, imprime pour le nègre,
Pour le grec et pour le romain ;

Mais l'acheteur étant contraire,
Plein-d'amour pendrait son libraire,
Dieu, la femme et le genre humain.

UN PAÏEN [1]

Bien qu'il disserte en vers des effets et des causes,
Lefèvre, — c'est son nom, — n'est pas rien selon moi.
Il a quelque français et sait mal plusieurs choses.

Il croit tout, excepté les articles de foi ;
Il se rue à gogo dans les métempsyhcoses,
Mais parfois son pathos touche au *je ne sais quoi*.

Encor qu'il soit pesant et se donne des poses,
Sa langue poétique est d'un certain aloi,
Et bref, sur ce fumier j'ai rencontré des roses.

[1] Accusé de réception à M. André Lefèvre, qui, sans requête de ma part, a bien voulu m'envoyer son livre intitulé : *l'Épopée terrestre*.

6

L'homme est d'ailleurs content de ses petits moyens.
Il pense avoir en soi les beaux démons payens,
Platon lorsqu'il raisonne, et Moschus quand il bêle.

Il bêle un peu souvent. A mon gré, c'est tant pis !
Sans blâmer son amour pour sa mère Cybèle,
J'estime qu'il se grise à lui prendre le pis.

A UN GROS ENNEMI

MAUDIS-MOI tant que tu voudras,
Je ne te rends pas la pareille.
Mugis, imprime et fais fracas,
Mon cœur à tout ce bruit sommeille.

En vérité, je m'émerveille
Que tu prennes tant d'embarras,
Puisqu'enfin rien ne me réveille,
Et que tu n'en es pas moins gras.

Haïr, ce n'est pas fier, en somme.
Je ne connais, pour moi, nul homme
Que je consente de haïr.

A me donner si sotte peine,
Je voudrais un gain de la haine,
Et qu'au moins elle fit maigrir.

?...

J'IGNORE, je l'avoue, absolument en quoi
Basset, de l'Institut, s'est pu rendre notable :
Est-il homme de plume, ou d'épée, ou de table?
Celui qui le peut dire en sait plus long que moi.

Et *Guimauve*, qu'assis parmi les dieux je voi,
Quel grand coup lui valut un destin si sortable ?
On dit qu'il fit rimer *spectacle* et *détestable,*
Et qu'il eut un parent qui fit parler de soi.

J'ignore encor cela. Dans ce monde sonore,
Je suis émerveillé de tout ce que j'ignore!
Et *Robinet?* Tient-il la lyre ou le compas ?

Et *Clampin?* Est-il là pour prose ou pour chimie?
Qui me dira comment se fait l'Académie,
Pourquoi *Pantoufle* en est, et *Sabot* n'en est pas?...

EN PASSANT SUR LE PONT

Assez, poëte, assez de pleurs en rimes chiches !
Musicien, assez de mauvais bruit savant !
Peintre et sculpteur, assez de bons hommes postiches !
Orateur, toi surtout, fais trêve ; assez de vent !

Puisque l'art indigné dut souffrir vos bamboches,
Puisqu'à tous vos méfaits la critique se tut,
Puisque vous voilà ronds, campés dans l'Institut,
Du laurier plein le dos et de l'or plein vos poches,

Taisez-vous maintenant, dormez ! C'est bien le moins
Que vous alliez finir à l'écart, sans témoins,
Et sans accabler l'Art de nouvelles offenses.

O traîtres ! convaincus de lèse-majesté,
Vous auriez, s'il était d'équitables vengeances,
Un carcan éternel aux pieds de la Beauté.

6.

COMÈTES CHAUVES

HÉRAULTS de l'inconnu, prophètes du nouveau,
Poétereaux, penseurs, rapins, philosophastres,
Hélas! que j'en ai vu rater de futurs astres,
Et faillir par la main, la langue ou le cerveau!

Que d'aigles déplumés, que de comètes chauves!
Que de beaux fulgurants, du vent contraire atteints,
Fument dans un suif roux, lampions mal éteints!
Et combien ont sauté de l'absinthe aux guimauves!

Chez un huissier normand, Platon a mis d'accord
Son génie et son ventre après bien des commerces.
Dante fait chez Havas les nouvelles diverses.

Brutus est sous-préfet, et plus souple que fort.
Ayant trouvé partout les duchesses adverses,
Byron se meurt d'amour dans les mains de Ricord.

RONDEAU

En vérité, c'est un fait démontant
Qu'il soit encor un auteur mal content!
La prose règne, et tant soit-elle épaisse,
Elle a du cours, elle troue une caisse;
Piff est connu, Paff est payé comptant!

J'admire, moi, ce qu'au public on tend,
Et ce qu'il gobe, et ce qu'il va broutant :
On lui propose un Puff : il acquiesce,
        En vérité!

Pégase prête à tout son dos. Pourtant
Si quelquefois, à l'emploi rebutant,
Vers l'hôpital il court tout droit, et laisse
Au croque-mort, sur mille, un impotent,
Le beau malheur! Je m'en console. Qu'est-ce,
        En vérité?

LES SALIS

QUAND on revient de Rome où le grave libraire,
Dans son réduit tout plein d'augustes vétustés,
Tient en si grand mépris l'article *Nouveautés*,
Paris étonne fort en sa mode contraire.

Comme masques hardis, vêtus de couleur claire,
Les volumes du jour grouillent de tous côtés ;
Et la vitre et le mur, et les journaux crottés
Invitent le public à les écouter braire.

Quel affreux carnaval d'histrions avilis !
Quels titres ! quel français ! La majesté romaine
Croirait, les écoutant, approuver des délits.

Nous l'entendons, pour nous, de façon plus humaine :
Sans nul tourment d'esprit, nous voyons sur la scène,
Ignoble et vomissant, le chœur de ces Salis.

REMONTRANCE

Sur l'honneur, vous allez trop loin ;
Vous allez bien trop loin, Madame !
Vous pouvez attirer le blâme,
Et n'y pas prendre pareil soin.

Laissez donc voir par quelque coin
Qu'il reste en vous un peu de femme !
Songez qu'on a peut-être une âme !
Vous faites plus qu'il n'est besoin.

Encor que la gloire sourie,
C'est trop remplir la librairie
De haillons à plaisir infects.

O gâteuse de demoiselles,
Dieu t'avait-il donné des ailes
Pour te crotter tant que tu fais !

UN DÉBUTANT

Des fleurettes, des herbiettes,
Un petit gosier de pinson,
Et puis du son, du son, du son :
Pour monter au rang des poëtes
Ce n'est pas assez, mon garçon !

Tes rimes, certes, sont proprettes ;
Du gaulois suivant la leçon,
Tu sais tourner tes turlurettes
Et presque saler ta chanson :
Ce n'est pas assez, mon garçon !

Buloz applaudit ces sornettes.
Si tu cèdes à l'hameçon,
Tu pourras être l'échanson
Le plus connu dans leurs buvettes :
Ce n'est pas assez, mon garçon !

Un souffle à remplir vingt trompettes,
Des feux à fondre sans façon
Le bronze comme le glaçon :
Pour monter au rang des poëtes,
Voilà ce qu'il faut, mon garçon !

LE PETIT

CHANSONNIER DES GRACES

Des bouquets, des épithalames,
Des sonnets frais et diaprés,
Des madrigaux très-bien poudrés,
Vous en aurez de moi, Mesdames,
Tout autant que vous en voudrez.

Aimez-vous que l'on vous compare
Aux fleurs qu'avril fait entr'ouvrir?
Faut-il à vos pieds se mourir,
Ou quelque chose de plus rare?
Demandez, faites-vous servir!

Souhaitez-vous que l'on s'embarque
Sur les étangs de la fadeur?
C'est là que l'on est fin rameur.
On a médité son Pétrarque,
On sait son Jean Second par cœur.

Il va sans dire que la touche
Sera donnée au goût du jour!
On possède aussi l'air farouche;
Hugo nous a formé la bouche
A rugir le doux mot : Amour !

Mais êtes-vous de ces sévères
Dont le cœur froid et l'œil altier
Semblent redire le psautier?
Êtes-vous saintes? Point d'affaires :
Cela n'est plus de mon métier.

N'attendez pas que je vous chante
Les grands combats, le lourd devoir :
Dans ce thème ennuyeux et noir,
Où trouver la note touchante
Qui fasse mouiller le mouchoir?

Je suis un poëte de joie ·
Je chasse et m'en vas racolant
Pour fournir à l'amour sa proie.
Vive l'amour! Mon chef de clan
Est le bon Pandarus de Troie.

HORACE

Pour mon compte, je suis fâché
Que Raphaël, en son Parnasse,
Auprès de Pindare ait niché
Si haut ce grassouillet d'Horace.

Non qu'il ne soit de grande race,
Soudain autant que recherché,
Et fin autant que relâché;
Mais le faîte n'est point sa place.

Décoré comme un firmament,
Cynique, lâche, et tout fumant
De vin, d'orgueil et de viande,

Entre Lydie et son flacon,
Je le vois plus que rubicond,
Faisant des vers pieux sur commande.

UN CRITIQUE

Jaloux, tes astuces savantes
Déguisent mal tes plans secrets ;
Tous les éloges que tu fais
Sont semés de trappes mouvantes,
Et quand tu nous dis qui tu vantes,
Nous pouvons dire qui tu hais.

LE LION PEINTRE

A. M. LE COMTE DE LANSADE (1)

Oui, vraiment, le lion s'entend à peindre aussi !
Seulement le bourgeois déteste sa peinture.
— « C'est mal léché, dit-il ; c'est trop cru ; la nature
Doit recevoir de l'art un ton plus adouci.

« Le lion commettra la faute que voici :
Il se peindra bonhomme, en tranquille posture,
Point du tout furieux, d'ordinaire stature...
Mais la sueur vous prend rien qu'à le voir ainsi.

(1) M. de Lansade nous a donné un recueil de *Fables*
élégantes et de la meilleure moralité. Il y en a une, intitulée
les *Historiens du Lion*, dont j'ai pris ici le contre-pied. Je
crois que j'ai eu tort, et je m'en console par le plaisir de
le dire.

« Il est faux, ce lion ! Je n'aime pas sa pose,
Je n'aime pas surtout l'impression qu'il cause ;
Il insulte mon œil avec son air narquois.

« A peindre le lion, ne parlons que du singe :
Il vous le fait terrible... et pourtant nul bourgeois
Pour l'avoir rencontré n'ira changer de linge. »

L'APOLLON DU BELVÉDÈRE

Ce dieu m'ennuie. Allons ! et prenons-en la honte.
Je conviens qu'il est beau. Winkelmann prétenda
Se sentir plus grand air lorsqu'il le regardait :
Tant s'en faut qu'à ce point ma cervelle se monte !

Il est beau, cependant…Comment fais-je mon compte
Pour qu'enfin il m'ennuie à ce degré complet,
Tellement qu'un peu plus je le trouverais laid ?
Car en l'avouant beau, mon sentiment se dompte.

C'est un fils de l'art grec, et peut-être sent-on
Qu'il est beau comme un rêve infâme de Platon.
Il a du féminin, et sa lèvre est mutine.

Surtout, il sent par trop l'auteur porte-laurier !
Ainsi se faisait beau monsieur de Lamartine,
Décochant au Destin ses flèches de papier.

OLYMPIO

Je l'admire vraiment. — Et franchement, personne
Ne me rappelle mieux, parfois, le mardi-gras.
Quel porteur d'oripeau ! quel faiseur d'embarras !
Et que souvent il pèse ! et quel creux rauque il sonne !

On dit, et pour ma part j'accorde sans débats,
Que sa chère antithèse à contre-temps bourdonne ;
Qu'en ses meilleurs endroits la cheville foisonne,
Et que les bouts rimés y prennent trop d'ébats.

Mais comme lui, pourtant, qui sait chanter et peindre ?
Qui voit-on comme lui d'un seul coup d'aile atteindre
Ou le fond de l'abîme ou la hauteur des cieux ?

Nul n'a fait tant de vers ni si beaux ni si drôles :
Il est grand, il est bas ; il engraisse nos Gaules,
— Mais jusqu'à les crever, — d'un fumier précieux.

TOUT COMPTE FAIT

Tout compte fait, j'admire l'Homme !
La mer, les montagnes, les cieux,
Certes sont éloquents ; mais comme
Maître Bossuet parle mieux !

Le ciel profond, la mer immense,
En un clin d'œil j'en fais le tour ;
Mais du vieux Dante une cadence
Me donne à rêver plus d'un jour.

Le rossignol et les abeilles
Remplissent l'air d'aimables sons ;
Mais Mozart aux lèvres vermeilles
Dit de plus charmantes chansons.

La nature mêlant nos fanges,
En tire des fruits merveilleux ;

Mais Raphaël fait mieux les anges,
Et les déesses et les dieux.

Le poison coule comme un fleuve
De mainte fleur, de maint fruit mûr;
Mais l'alambic de Sainte-Beuve
Distille un venin bien plus sûr.

7.

FATIGUE

Je suis las de l'œuvre qui passe
A travers l'huile des quinquets;
Je suis las des mille affiquets
Où l'art avili se prélasse !

La « ficelle » en trop gros paquets
Fait partout trop de nœuds sans grâce.
Le premier rôle aussi me lasse ;
Je suis las aussi des laquais.

Les becs de gaz et les lanternes,
Je les trouve également ternes.
O mes pauvres yeux ébaubis,

Quand verrons-nous quelque nature !
Quand verrons-nous, près d'une eau pure,
Un bon âne et quelques brebis !

A M. ÉMILE LAFON

PEINTRE

N'IMPORTE, tenons bon ! Qu'il faille
Abandonner dès le matin
Toute notre part du festin,
Et voir reluire un vil fretin ;

Que, s'unissant à la canaille,
La probité même nous raille ;
Qu'on nous siffle encor sur la paille
Où Gilbert finit son destin :

N'importe, vieil ami, vieux frère !
Tenons contre l'esprit contraire,
Répudions son culte bas.

A Dieu comme à l'Art il est traître ;
Préférons au profit d'en être,
La gloire de n'en être pas.

LES PLEURS DE MUSSET

ENTRE la tisane et l'absinthe,
De gloire et d'opprobre entouré,
Musset, déjà presqu'enterré,
Murmurait d'une voix éteinte :
« Il me reste d'avoir pleuré ! »

Parole grande et quasi-sainte,
N'était son accent ulcéré !
Des plaisirs qui l'ont enivré,
Du laurier dont sa tête est ceinte,
Il lui reste d'avoir pleuré !

Pleurs jaillis d'une source avare !
Nul n'y sera désaltéré.
Dieu, dans ce calcaire, a foré
Comme par un vouloir bizarre...
Mais enfin Musset a pleuré.

A cette marque, en lui trop rare,
Je reconnais le fonds sacré.
L'abbé Delille au vers plâtré,
Parny, Rousseau, Lebrun — *Pindare*,
Voltaire ont-ils jamais pleuré ?

Le poëte est celui qui pleure.
Non pas que je trouve à mon gré
L'élégiaque et le navré
Qui versent des larmes à l'heure :
Nul pleureur n'a vraiment pleuré.

Comme, sous peine que tout meure,
L'eau reste en l'épaisseur du pré,
Ainsi dans l'artiste inspiré
Le trésor des larmes demeure ;
Ainsi Jean Racine a pleuré.

C'est de ce baume que sont faites
Les fleurs du jardin diapré.
Là, Nicolas n'est point entré,
Quoique grand parmi les poëtes.
Mais Nicolas n'a point pleuré !

O pleurs, ô sang de l'âme humaine

Don que fait le cœur épuré,
Don que le cœur sent préféré !
Nous pleurons, quand Dieu nous ramène,
De n'avoir pas assez pleuré.

DERNIER HOMMAGE

Tu me déplais immensément,
Homme immense ! Mais tout de même,
On me verra d'un zèle extrême
Souscrire pour ton monument.
Que ce soit pierre, ou marbre, ou bronze,
S'il faut dix francs, j'en veux mettre onze.
C'est un plaisir à surpayer,
De voir enfin tes lèvres closes,
Ton nom dans les apothéoses,
Et tes livres au vieux papier.

UNE CONFESSION

PRÉFACE.

Un poète inédit et rentier, cas bien rare !
Libre penseur, mystique, et plus souvent païen,
Las surtout de lui-même, en somme bon vaurien,
M'ouvrit à deux battants son intérieur bizarre.

Pour trouver un lecteur, ils prennent ce moyen.
Car nous autres dévôts, quand le monde barbare
Ferme la porte aux vers, nous abattons la barre,
Afin que les rimeurs tolèrent le chrétien.

Celui-ci, cependant, rigoureux à sa muse
(Il n'a rien imprimé !), voulait, ou je m'abuse,
Tout simplement chez moi se confesser un peu.

« Lépreux, lui dis-je, va montrer ta plaie au prêtre ! »
Il eut un beau sourire et continua d'être,
Jusqu'à sa fin, un sot, comme il en fait l'aveu.

I.

Je me crois au niveau du plus fier des esprits;
Toute hauteur me plaît, je l'admire et j'y monte;
Et sans qu'à trop d'étude, ignorant je me dompte,
Ce que je ne sais pas je l'ai déjà compris.

Tout langage du Beau parle à mon cœur épris;
Tout langage du Vrai trouve ma raison prompte :
Je me rends, et n'ai point, lorsqu'il le faut, de honte
A planter mon amour où croissait mon mépris.

C'est le Beau que je cherche et c'est le Vrai que j'aime;
Et plus encor j'aspire à la chose suprême,
A la chose de Dieu qu'on appelle le Bien.

S'agit-il d'opérer, tout se brouille et se noue :
Mon faible esprit s'éteint, ma faible main échoue,
Mon faible cœur se lasse, et mon œuvre est le rien.

I

Sa s mon oncle Thomas qui, je ne sais comment,
Étant notaire fit pour moi son testament,
Paris ne m'avait pas au nombre de ses proies :
Je restais où pour lors je gouvernais les oies.
Et j'étais à toujours un herbager normand.

Diable d'oncle Thomas de me léguer ses rentes!
De proche en proche ainsi je fus aux vers livré :
Le savoir déboucha ses urnes attirantes,
Mais la Muse m'offrit son poison préféré;
Je bus comme un sauvage et je fus enivré.

Qui te l'eût annoncé, l'aurais-tu cru, notaire?
Qu'un gas du Calvados et baptisé chrétien,
Deviendrait mécréant, museur, célibataire,
Bref, comme tu disais en français, « Propre à rien! »
Voilà mon cas; et c'est ta faute, homme de bien!

Mécréant et rimeur, ô deux fois triste chance!
Je suis lâche et m'y tiens, mais j'en ai du souci.
Va, je ne m'en fais accroire, Dieu merci!

J'ai perdu quelque chose à changer d'ignorance.
Oncle, t'en repens-tu? je m'en repens aussi.

Eusses-tu fait toujours, avec ennui, brave homme,
Tes gros contrats, payés d'honoraires menus,
Et dans ton coin rêvé bien autre chose, en somme,
Je te dirai ceci, moi qui mords à la pomme :
J'ai d'horribles moments que tu n'as point connus.

Mon cœur s'est desséché; mon esprit misérable,
N'est en tous ses labeurs qu'un actif fainéant.
Pêle-mêle en mes mains, sous le flot me jouant,
J'ai pris le sable et l'or. J'ai gardé tout le sable,
Tout l'or est retombé dans le gouffre fuyant.

Et la foi qui m'ouvrait les régions sereines,
Et l'amour, feu du ciel par l'homme dérobé,
Et le mâle devoir, roi des choses humaines,
Tout cet or souverain dont j'avais les mains pleines,
Dans le gouffre fuyant tout cet or est tombé !

Ah! quand l'heure est venue, et je suis à cette heure!
Où l'homme veut compter ce qu'il a moissonné,
Combien se connaît fou, combien s'accuse et pleure,
Combien se sent petit le poursuivant du leurre
Qui se voit la main vide et qui n'a rien donné !

Inutile à jamais, chose stérile et blême,
Sans séjour qu'il désire et qu'il puisse habiter,
Par le doute écrasé jusqu'en son doute même,
Mon pauvre esprit, vaguant de problème en problème,
Traîne plus de fardeaux qu'il n'en crut rejeter.

Ce n'est plus à présent votre lot que j'envie,
Servants des grandes lois, hommes qui portez Dieu !
L'amour de rien, l'erreur qu'à dessein j'ai suivie,
Trop loin de vos chemins sut engluer ma vie...
Je ne suis un peu fier que d'en rougir un peu.

Quand la patrie était en proie aux parricides,
Quand je voyais la gloire, — effroyables leçons ! —
Comme une fille immonde au bras des polissons ;
J'ai détourné mes yeux pleins de dédains stupides,
Et j'ai pris mon parti de faire des chansons.

J'ai dit : Restons en bas, courbons encor la tête ;
« Tout ce qui veut monter, a d'avance failli ! »
Ce jour-là dans mon cœur le devoir fut trahi.
Le mal triomphe, il faut l'attaquer sur son faîte ;
Qui le fuit simplement ne l'a pas bien haï.

L'honneur oisif en vain proteste, en vain s'enroue,
Le mal lui fait subir ses baisers assassins.

Au prompt avortement de tous mes bons desseins,
Je sens que j'ai pris gîte et dormi dans la boue.
L'accoutumance énerve en ces climats peu sains !

Que ne suis-je resté dans mon creux, sous les herbes,
Bon homme et bon chrétien ! En conduisant mes bœufs
J'aurais, comme l'oiseau, sifflé des airs joyeux.
Je marquerais la part du pauvre sur mes gerbes,
Je verrais quelques fois les anges dans les cieux.

J'aurais ces biens qu'il faut défendre avec vaillance,
L'épouse, les enfants, l'humble honneur du foyer.
Je produirais du pain ! Je serais l'espérance,
Le bras tuteur sous qui l'on vit en assurance,
Que le danger roidit, que l'amour sait ployer.

J'écarterais de moi le doute comme un crime,
Je tiendrais en santé mon cœur et ma raison :
Je serais le flambeau sur le bord de l'abîme :
Et j'aurais bien souci, dans ce devoir sublime,
De savoir quels faquins traversent l'horizon !...

Mais où va mon chagrin ! Tout de bon voudrais-je être
L'homme modeste et fort que je me peins ici ?
Existait-il en moi l'étoffe d'un ancêtre ?
Je n'en sais rien. Un mot me fait tout apparaître,

Un mot dissipe tout. — Je me suis fait ainsi.

J'ai fait vain mon esprit, et ma parole est vaine,
Les plus contraires vœux y sont proches voisins ;
Quelque route où je sois, j'y perds vite l'haleine...
Ah ! pauvre oncle Thomas, ce n'était pas la peine
D'exhéréder pour moi nos trente-sept cousins !

III.

A bien considérer la chose
Qui me sert pour tuer le temps,
Et la gloire que j'en attends,
Et le fruit que je me propose ;

A bien compter les arcs-boutants
Qu'aux maisons croulantes j'appose ;
A bien envisager la cause
Dont j'assiste les combattants :

C'est moins que rien. — Si j'étudie
Par quel art ou quelle industrie
Je vivrais, mes fonds supprimés :

Je pourrais, je crois, — en province,
Être improvisateur, — mais mince,
De madrigaux et bouts rimés.

IV.

Je suis triste et je me sens las.
Un double mur borne ma piste :
L'homme ennuyé siffle l'artiste,
L'artiste a de quoi rendre, hélas!

De mes erreurs s'accroît la liste,
Dans le néant je perds mes pas,
Et mon âme n'en doute pas !
Je me sens las et je suis triste.

Mais qui m'ouvrirait le chemin,
Y voudrais-je prêter la main?
Je doute, quand je m'examine,

Si je suis un blessé géant,
Ou bien le drôle fainéant
Qui gratte au soleil sa vermine.

LE DESTIN

C'est le destin des êtres, ici-bas,
D'aller au pire en cheminant leur pas,
Et par lambeaux de devancer la tombe.
On a le mal de dents, puis la dent tombe ;
On souffre, on est guéri par le trépas.

Toute victoire est graine de combats !
Sauf par la mort, cela ne finit pas ;
Le lutteur seul triomphe qui succombe.
        C'est le destin.

Rêveurs d'amour, de gloire et de ducats,
En vieillissant sifflés avec fracas,

8

Puis dans l'oubli passant avec la trombe,
Tout se dérobe, argent, palme et colombe !
A vos défauts n'imputez point le cas .
    C'est le destin !

LIVRE IV

PYGMALION

PRÉFACE.

On *trouve encore en Italie*
Des gens de bien qui, finement,
Vous tournent un conte charmant
D'où la morale sort jolie.

Certain Cruscante *florentin,*
Vrai Cruscoso (1) *lorsqu'il disserte,*

(1) *Cruscante,* académicien de la Crusca, puriste. —
Cruscoso, pien di crusca, plein de son.

Naguère m'en fit un qui, certe,
Vaut au moins son poids de latin.

Le voici, moins le sel de langue
Dont est pourvu — sauf en harangue, —
Tout mangeur de macaroni.

L'Olympe y joue un triste rôle,
Mais Saint-Victor a la parole.
Mon avant-propos est fini.

PYGMALION

Le bon Pygmalion, foudre de sentiment,
Époux trop enflammé, discourait en amant,
Filait du bleu, faisait des châteaux en Espagne,
Riait, chantait, pleurait; bref, battait la campagne,
Mais non sans éprouver un étonnement vif
Du point rare où son marbre était inattentif.
Madame Galatée aux plus exquises choses
Restait froide, les yeux vagues, les lèvres closes;
Même quand le discours tombait sur ses appas,
Elle écoutait ailleurs, le cœur ne battait pas.
L'époux allait toujours, pensant que tant de zèle
Enfin échaufferait l'étrange demoiselle :
Il est interrompu par un fort bâillement.
Le voilà court. Quoi donc, dit-il, marbre charmant,
D'où vient que l'on te voit triste comme les pluies ?
Galatée, en deux mots, l'éclaira : —Tu m'ennuies!

Ainsi l'artiste heureux, pour la première fois,
8.

Du premier marbre fait femme entendit la voix.
Voix, du reste, jolie, élégante, argentine.
Elle entrait dans le cœur comme une lame fine,
Et sans gestes, sans feu, sans verbes superflus,
Y coulait un poison qui ne s'éteignait plus.
Pygmalion alors connut qu'il était fade,
Et cessa de parler. Il se sentait malade.

———

Galatée, insensible à son chagrin profond,
Laissait errer ses yeux du parquet au plafond.
Elle avait certain air d'active nonchalance.
Hormis le pauvre époux, qui gardait le silence,
Tout semblait amuser son regard curieux.
Elle jeta pourtant un soupir. Anxieux,
Il lui dit d'un accent où vibraient ses tendresses :
— Que veux-tu ? — Rien. — Quoi ! rien ? — Eh bien,
                              [que tu me laisses !

C'était un tel nigaud qu'il en resta surpris,
Mais un tel amoureux qu'il en fut plus épris.

———

Il excusa l'ingrate, et dans sa flamme accrue,
Il disait : — Puis-je, aussi, l'épouser toute crue !

Elle ignore; aimons-la, laissons agir le temps.
Il attendit. Ses soins furent doux et constants,
Et ses soins et le temps la laissèrent rebelle.
Il s'en prit à Vénus :

         « O déesse immortelle,
« O Vénus, tu la vois! Par quel décret moqueur
« Lui voulus-tu donner une âme et pas de cœur ?
« Elle fut mieux à moi tant qu'elle resta pierre.
« Est-ce ainsi qu'il t'a plu d'exaucer ma prière?
« Si mes vœux étaient fous, s'ils passaient ton pouvoir,
« Tu devais refuser et non me décevoir.
« Pourquoi te faire un jeu si cruel? Galatée
« N'a pas reçu la vie, et tu me l'as ôtée! »

Vénus lui répondit :

         « Le Destin est de fer!
« Pour toi, mortel, Vénus a prié Jupiter.
« (Car seul il fait la vie et seul la distribue).
« J'ai voulu que, donnant le souffle à ta statue,
« Par un autre prodige accablant d'autres lois,
« Elle eût un cœur à part, flamme et pierre à la fois,
« Ardent, et, néanmoins, très-solide en ménage.
« J'avais fort ce désir de faire un mariage

« Que Diane elle-même et Minerve admirât,

« Et qu'en son chaste sein l'une et l'autre enviât.

« Oui, Diane amoureuse et Minerve emportée,

« Telle voulait Vénus te donner Galatée.

« J'en contai le beau rêve au père-roi des dieux

« Jupiter consentit, mais un peu soucieux.

« En effet, le Destin ne nous fut point propice :

« *Vénus, dit-il, ici dépasse son office,*

« *Et j'ai réglé le cas : Il n'est aucun moyen*

« *Qu'un hymen arrangé par Vénus tourne bien.*

« Il se tut. C'était dur ; j'en souffris, mais que faire ?

« Devant ce vieux Destin, point de force contraire !

« Les dieux humiliés, renvoyés sans débats,

« Murmurent bien parfois ; ils ne résistent pas.

« Le vrai nom du Destin dans le ciel, c'est JUSTICE !

« Parle-t-il ? tout est fait, il faut qu'on obéisse.

« Donc, en ce contre-temps, allant au plus certain,

« J'ai dit, pensant à toi : N'eût-il qu'un seul matin,

« Animons la statue et qu'elle soit sa femme.

« Qui sait ce qu'un instant peut abattre de flamme !

« J'aurai tenu parole ; ensuite l'on verra ;

« Et ce bon amoureux, enfin, s'arrangera.

« Par le Styx ! sans chercher de vulgaires exemples,

« Vulcain eut à porter un ennui des plus amples ;

« Apollon dut subir les refus de Daphné,

« Et Vénus elle-même, en son cœur étonné

« Pleure encor Adonis chaque fois qu'elle y songe.

« Va, pour les dieux aussi le bonheur est mensonge,

« Et l'Olympe et l'encens et le nectar, hélas!

« Rien n'y fait. Le souci pèse en haut comme en bas. »

———

L'artiste répondit : — Je suis homme, Déesse ;
Je prends ma part de poids sur ma part de faiblesse,
Et je n'espère plus de vivre sans douleur.
Donnez-moi ce seul jour d'amour vrai dans son cœur,
Cette aurore trompeuse et d'orage suivie,
Je tiens quitte de tout et les dieux et la vie.

———

« — Ecoute, dit Vénus, et parlons franchement :

« Je ne plains que fort peu ton genre de tourment,

« Et je rejette en bloc les requêtes pareilles.

« Maris et dédaignés m'en rompent les oreilles.

« Puis-je rien à leur mal qui fait le bien d'autrui,

« Que mettre en pleurs demain les heureux d'aujourd'hui?

« Si j'y consens, bientôt ce sont d'autres complaintes :

« On voit reprendre feu les tendresses éteintes,

« Et des amours très-las, par ces mutations,

« Retournent aux fureurs des jeunes passions.

« Pour conclure, toujours l'on soupire et l'on crie.

« Il semble que je sois la parque ou la furie.

« C'est fatigant! Et toi, n'as-tu pas calculé

« Qu'il faut être trahi si l'on n'est pas gelé?

« Tu veux un jour! Après? Ton destin ferait rire.

« Galatée est jolie à brûler un empire :

« Qu'elle ait l'humeur d'Hélène avec de tels moyens.

« Nous revoyons le temps des Grecs et des Troyens.

« Ménélas eût voulu qu'Hélène fût de marbre!

« Un dieu peut transformer ton indolente en arbre,

« En fontaine dormeuse, en quelque froide fleur :

« Choisis; mais n'obtiens pas, crois-moi, qu'elle ait un cœur!

« Le destin permit-il cette métamorphose,

« Tu t'en repentirais à goûter de la chose.

L'entêté répliqua :

    « Maintenant que je sai

« Combien sera déçu qui se voit exaucé,

Je devrais, n'implorant rien des dieux ni du monde,

Aller me faire un lit où la mer est profonde.

Mais puisque c'est par là qu'il en faudra finir,

Puisqu'on ne peut du ciel autre chose obtenir,

Je saurai voir jusqu'où sa puissance nous leurre.
Je borne mes souhaits et je demande une heure.
Rien qu'une heure, Madame! et mes mânes contents
Iront dans les enfers vous célébrer longtemps.

———

Pour réponse, Vénus lui devint invisible.
Souffrir est le secret de la rendre insensible.
Ce tenace martyr, à la fin, l'offensait,
Et son titre d'époux, en outre, l'agaçait.
Titre légal! Au fond, Vénus était tentée
Plutôt de refroidir encor la Galatée.
Mais voulant pardonner, vers d'autres régions
Elle s'enfuit joyeuse au vol de ses pigeons.

Pygmalion prit d'elle une fort mince idée.
— Hélas! que la déesse est, dit-il, débridée!
Pourtant, voyons ailleurs, et ne lâchons la main
Que si, décidément, nos dieux n'ont rien d'humain.

———

Souvent un grand péril retrempe le courage :
Regardant sous ses pieds écumer le naufrage,

Mais résolu pourtant d'échapper à la mer,
L'artiste, d'un cœur ferme, invoqua Jupiter,
Le voulut voir, le vit.

C'était, entre les dieux
Le plus mâle d'aspect et le plus sérieux.
Ses superbes sourcils tant vantés des poëtes,
Son aigle fier, son foudre aux flammes toujours prêtes
Et le vaste fracas d'antique majesté
Que menait ce vieux nom parmi l'humanité.
Rien du faible mortel ne put ébranler l'âme.
Cet homme voulait être adoré de sa femme!
Devenu comme un dieu par ce trait singulier,
Il se rendait sans peine aux autres familier.

Vingt fois d'ailleurs sa main, féconde en beaux ouvrages,
Du fils de Rhée avait façonné les images.
Admis à contempler le modèle vivant,
Ce modèle introuvable et rêvé si souvent.
L'artiste tout d'abord, oubliant sa requête,
Étudia son dieu des pieds jusqu'à la tête.
Il trouva qu'à sa gloire il n'avait rien ôté,
Et que même il l'avait, en ses portraits, flatté,
Lui donnant plus grand air de suprême puissance.
En effet, Jupiter, mal fourni d'assurance
(Chose étrange, incroyable et sensible pourtant),

Offrait je ne sais quoi de presque inconsistant!
A le bien regarder, il décroissait en somme,
Visiblement gêné sous l'œil fixe de l'homme.
Le mortel, en lui-même, étonné, murmurait :
—Les hommes et les dieux sont-ils ce qui paraît!
Eh quoi! non-seulement le roi de l'Empyrée
Ne trouble pas mon cœur de la terreur sacrée,
Mais il a ce maintien d'un personnage faux,
Comme si ses papiers n'étaient pas sans défauts,
Ni son titre assez clair à juger mon affaire?...
O Dieu! que j'entrevois un étrange mystère :
D'un mot tu peux m'ouvrir ou la vie ou la mort,
Mais tu n'es pas le juste, et c'est moi qui suis fort!

En fréquentant ses dieux, l'époux de Galatée
S'estimait trop soi-même et devenait athée.
Des penseurs d'autrefois c'était le tort commun ;
Et dans la même erreur, en notre temps, plus d'un,
Poussé du même orgueil, tombe avec moins d'excuse.
Tel, monsieur Vacherot, par exemple, s'abuse,
Et vingt autres aussi, lorsqu'en mauvais français,
Ils se défont de l'âme et se jugent parfaits.
Je mettrai dans ce tas le seigneur de Suttière,
Noble homme d'encrier qui chante la matière,

9

Et qui n'aurait pas tant de quoi chanter l'esprit.
Suffit-il d'étaler, en un rugueux écrit,
Les imperfections de tel ou tel système,
De railler pesamment, de vomir un blasphème :
Et cela prouverait qu'âme et Dieu ne sont pas?
Non, malgré vos raisons, non, malgré vos compas!
Dieu vit, l'âme proteste et l'inconnu demeure.
C'est ce que Jupiter va nous prouver sur l'heure.

Avec cet air contraint qu'il ne pouvait céler,
S'adressant à l'artiste, il lui dit de parler.
Pygmalion soudain défila son histoire,
Dit ses feux, leur succès, l'ivresse, le déboire,
Sa femme au cœur plus dur que marbre et travertin ;
Se plaignit de Vénus, accusa le Destin,
Inculpa Jupiter qu'il traita de complice ;
Et pour finir, requit ou la mort, ou justice.
Ce fut long. Jupiter, comme un juge endurant,
Laissa rouler, mugir, tournoyer le torrent ;
Il subit sans broncher la harangue complète :
Mais alors il dit :

                    « Souffre et vis : justice est faite.
» Supporte ton malheur, car tu l'as demandé. »

Pygmalion reprit :

    — Ai-je si mal plaidé,
Ou le ciel n'a-t-il point de torts dont il se lasse ?
Quoi ! Pas même la mort ? pas même cette grâce !

« — La grâce, dit le dieu, s'accorde au repentir.
« Repens-toi, tu pourras mériter de mourir. »

Jupiter, prononçant cet étrange axiome,
De plus en plus prenait un aspect de fantome,
Et l'homme, épouvanté d'un fait si curieux :
— Vais-je voir, cria-t-il, mourir le roi des dieux !

« — Non, dit avec effort ce maître du tonnerre.
« L'homme meurt ; pour les dieux, plus grande est leur misère.

« Excédés de la vie, affamés du trépas,
« Ils appellent la mort ; la mort n'obéit pas,
« Et telle est du Destin envers eux l'inclémence :
« Ils vivent ! Le supplice à jamais recommence,
« Et pour un temps qui vient, le décret irrité
« Ne laisse rien aux dieux, que l'immortalité. »

L'homme dit : — Je ne peux ni comprendre ni croire.

Le dieu continua :

« — L'Olympe est provisoire,

« Son pouvoir est caduc ; il sera balayé.

« L'homme le verra choir du ciel purifié.

« Il est un ciel plus haut, d'où tomba sur la terre

« Le germe d'un vengeur. Pressentant ce mystère,

« Prométhée enchaîné sous l'ongle du vautour,

« Sait que le JUSTE vit, et qu'il aura son jour.

« De sa cime sanglante il épie une aurore.

« Il saigne, mais il croit, il contemple, il adore,

« Et déjà luit sans doute à son œil consolé

« Un signe rédempteur qui nous reste voilé.

« Alors vous sera dit le mot de la souffrance,

« Alors les pleurs feront grandir votre espérance,

« Et le juste et le ciel enfin seront d'accord,

« Et les vertus auront d'autre prix que la mort. »

———

Il se tut. Le mortel revint à sa chimère.

— Je comprends mal, dit-il, cette parole amère,

Et ne vois pas en quoi, pauvre homme, j'ai failli.

Je demande justice aux dieux qui m'ont trahi.

Car, suis-je ou non trompé ? Galatée est moins femme

Assurément, sans cœur qu'elle l'était sans âme.

Je l'avais plus à moi, j'en reviens toujours là,
Fille de mon ciseau, que comme la voilà.
Elle vivait par l'art ; au bloc on la rejette.
C'est inique !

        Le dieu redit : — « Justice est faite,
« Et l'arrêt du DIEU JUSTE est plus fort que les dieux ! »

Le mortel à ces mots vit frissonner les cieux.
Incliné, Jupiter attendait en silence
Que sa parole eût fait le tour de l'orbe immense.
L'universel instinct ne pouvait pas faillir :
Le Maître, l'Innommé se faisait obéir !
Pygmalion sentit, dans ce moment suprême,
Un souffle qui courbait en lui son âme même ;
Il perdit tout espoir. Vaincu, le front penché ;
— Justice ! cria-t-il, quel est donc mon péché ?

« — Dieu, reprit Jupiter, alors plein d'assurance,
« Veut de loin apparaître à l'humaine espérance.
« Auteur de la nature, il en est la beauté.
« Pour divulguer ce trait de la divinité
« Il a formé l'artiste et les âmes choisies
« Qui portent le flambeau sacré des poésies.
« Doux à ces grands mortels, il fit grande leur part.

« Il donne à leur esprit des ailes ; leur regard
« Va partout s'enivrer de visions sublimes ;
« L'harmonie en leur cœur descend des hautes cimes,
« Dans les confusions ils trouvent des accords,
« Ils ont des rêves saints qu'ils revêtent d'un corps ;
« Ils créent, ils font renaître, et de leurs mains mortelles
« Ils jettent dans le temps des choses éternelles,
« D'invincibles vivants que le monde enchanté
« Couronne de leur nom par la mort respecté.
« Mais Dieu veut qu'à son plan leur travail se ramène :
« Ils doivent enrichir de Dieu l'espèce humaine,
« Et se rendre avec lui sobres et généreux.
« Ils lui volent ses dons s'ils les gardent pour eux ;
« Ils dérobent à l'homme exilé sur la terre
« Le bienfait qu'il attend, l'adorable mystère
« Qui, lui montrant le vrai revêtu de splendeur,
« Met la joie en ses yeux et l'amour dans son cœur.
« Or, quel est ton péché ? Le voilà ! Ta statue
« Etait ce beau que l'Art devine et restitue.
« C'était le corps parfait. Dans un ravissement
« Dieu te l'avait montré, tel qu'au commencement
« Lui-même il le créa, noble et digne d'hommage ;
« Et lui-même, guidant ta main en cet ouvrage,
« Comme à l'heure clémente où naquit la Beauté,
« Y versa toute grâce et toute chasteté.
« Par ce présent divin, en sa candeur première

« Il révélait la vierge, ornement de la terre,
« Et la belle innocence et l'amour épuré.
« Ce don fait aux mortels, tu l'as déshonoré,
« Tu l'as anéanti ! Ta fureur égoïste
« A trahi d'un seul coup l'œuvre, l'art et l'artiste.
« Qu'attends-tu maintenant, quand ton lâche larcin
« Du Créateur suprême a brisé le dessein ?
« Sa justice, exauçant ta prière parjure,
« A changé le saint marbre en une chair impure.
« Tu l'as voulu, c'est fait. N'embrasse plus nos pieds.
« Tes vœux sont accomplis, c'est-à-dire expiés.
« Tu demandais la mort, te devait-on la vie ?
« Au genre humain, pour toi, Galatée est ravie :
« Les siècles n'auront pas ce poëme d'amour ;
« Tu le leur as volé pour le lire un seul jour.
« Mais le larcin ne livre à ta main adultère,
« Au lieu du chant divin, qu'un alphabet vulgaire.
« La chair n'est que jolie et le marbre était beau.
« Il était immortel ! A la chair, le tombeau !
« Et pour te montrer mieux ta sacrilège injure,
« Le marbre était l'amour, la chair est la luxure !
« Prends la donc, cette chair; emporte ce butin.
« Parricide de l'art, fais ton digne festin ;
« Assouvis-toi. Tu perds à cette ignominie
« Ta gloire, ton amour, ton œuvre et ton génie. »

Pygmalion tomba, sur le sol renversé.

Ces raisons par sa tête avaient déjà passé,

Mais sans qu'il en voulût admettre l'importance.

Quand Jupiter parla comme sa conscience,

Il s'avoua coupable et justement puni.

De l'art et du bonheur il se voyait banni,

Et sentait dominer dans son âme inquiète,

Sur l'horreur du péché celle de la défaite.

Galatée était là, très-calme. Elle bâillait.

D'un geste involontaire il chercha son maillet,

Son ciseau, croyant voir sur ce charmant visage,

Des rides qui déjà le gâtaient fort. L'ouvrage

N'avait pas été fait pour qu'on le vit bâiller,

Ni non plus épaissir, maigrir ou s'érailler.

Or, ses proportions si justes et si belles,

De jour en jour souffraient vingt atteintes mortelles,

Et tout semblait courir vers le *laid*, à grands pas.

Mais si le laid venait, l'esprit ne venait pas.

Galatée était bête ; et l'artiste infidèle,

Desespéré, se dit enfin : — « C'est un modèle ! »

Ce fut son dernier cri, sa dernière lueur.

Imbécile vaincu de la femme sans cœur,

N'en étant pas aimé, ne l'aimant plus lui-même,

A cette chair soumis par un arrêt suprême,
Il entra dans son bagne; et du sommet altier
Où l'avait porté l'Art, il déchut au métier.
La sotte Galatée aimait fort les toilettes :
Pour payer ses atours, il fit des statuettes
Qu'achetaient en secret quelques vieux garnements.
Tant qu'on le paya cher, de froids embrassements
Lui donnèrent des fils dont Athènes surprise
Ne cessait d'admirer l'orgueil et sottise.
Ils peuplèrent beaucoup; et ces postérités,
Dans l'Art, font ces gens-là qu'on nomme les RATÉS.

LIVRE V

LA GLOIRE D'ALEXANDRE

Ce qui rend notable Alexandre,
C'est d'avoir, du sabre, si bien
Débrouillé ce beau nœud gordien
Dont un sot tirait tant d'esclandre.

Un autre infatué de rien,
L'artiste au mil, se fait descendre ;
Puis Parménion tombe en cendre,
Brûlé d'un mot très-peu chrétien.

Voilà l'homme. Le reste, à peine

Est bon pour les claqueurs d'Athène.
La rhétorique en tient buffet.

Battre le Chinois, mince affaire!
Parménion l'aurait su faire,
Parménion, même, l'a fait.

A UN MAITRE

Ce qui m'étonne un peu, maître, dans vos idées,
Ce n'est pas la hauteur, humble en est le niveau;
Ni la largeur non plus, ni non plus le nouveau :
Elles ont mince corps, elles sont oxydées.

Vous les tripotez bien et brouillez l'écheveau,
Mais le bon sens les a plus vite dévidées.
Doctrines de néant, fruits de têtes vidées,
On les porte sans cœur, on y croit sans cerveau.

Hélas! je le sais trop et telle est leur fortune :
Le vrai voit courir là tous ceux qu'il importune,
Le lâche et le stupide y trouvent leur repos;

Mais que vous plaisiez tant chez cette valetaille,
Maître, j'en suis surpris. Vous n'étiez pas de taille
A devoir contenter les lâches et les sots.

LES SOIRS DE GALVAUDIN

Quand l'ami Galvaudin ouvre au monde sa porte,
Allume sa bougie et cire ses valets,
Le monde accourt. La presse est au seuil du palais,
Et pour y pénétrer il faut presque main forte.

Comme au temps où la rampe éclairait ses mollets,
La Galvaudine trône en magnifique escorte;
Elle voit confondus dans l'amour qu'on lui porte,
Le Corps Législatif et les corps de ballets.

Les gloires font tripot avec les opulences;
Illustres, Sénateurs, Gens de banque, Excellences,
Étoiles d'opéra, Rossignols de journal,

Tous vont chez Galvaudin l'honorable de paille,
Les uns étudier comme on se décanaille,
Les autres, en passant, respirer l'air natal.

HOROSCOPE

L'Ami, songe à Polichinelle !
Homme de plume et fricottier,
Par l'un et par l'autre métier,
Ta caisse devient solennelle.

Sous ton bâton qui reste entier,
Thémis a tourné la prunelle ;
A repasser par la Tournelle,
Tu t'es su faire gros rentier.

Songe à Polichinelle ! dis-je.
Quoique le ciel de l'homme exige,
Le gaillard s'en moque beaucoup.

Sans remords comme sans alarme,
Il met dedans jusqu'au gendarme...
Mais le diable lui tord le cou !

L'ILLUSTRE CENT-POUR-CENT

POUR te tirer de l'antre aux pourboires abjects
Où par ta main l'usure écrivait ses oracles,
Il fallait non pas un, mais vingt ou cent miracles :
Autant qu'il en fallut, ta fortune en a faits.

A tes doigts ont poussé des ongles si parfaits,
Qu'Israël les voudrait mettre en ses tabernacles;
Et sur le fonds commun ce qu'en un jour tu râcles,
Fournirait un veau d'or du poids de dix préfets.

Tu n'as plus à borner ta faim, quoique tu veuilles.
Grand blason, grand renom, grand galon, portefeuilles,
Et l'or officiel, tout roule sous tes pas :

Prends! la clameur du peuple elle-même s'est tue,
O faquin! et tu peux préparer ta statue :
Mais te décanailler, seigneur, n'y songe pas.

CHANSON POLITIQUE

MONSIEUR Favre est certainement
Un orateur charmant, charmant,
Une fauvette sans pareille !

Monsieur Olivier met souvent,
Avec douceur, du vent, du vent
Et du coton dans mainte oreille.

J'aime assez monsieur Pelletan.
Ce grand penseur s'étend, s'étend
Comme un grand brouillard de novembre.

Je ne hais pas monsieur Roulland :
Il fait un feu roulant, roulant,
Qui fait ronfler toute la Chambre.

Monsieur Picard sort son outil :
On le trouve gentil, gentil.
Il a des anguilles sous roche;

Mais ce ne sont pas plus serpents
Que les discours pimpants, pimpants
Dont le perce monsieur Baroche.

Tout s'incline : monsieur Rouher
Paraît! Il monte en l'air, en l'air,
Ballon captif de la fortune.

Pour le crever, monsieur Guéroult
Lance ses traits. Quel trou, quel trou,
Éloquence, il fait dans ta lune !

Ah! la tribune est sans venins.
Nos tribuns sont benins, benins !
Je ne vois plus dans cette Trappe

Qu'un orateur hardi, hardi :
C'est monsieur Dumoulin, qui dit
Ce que devrait croire un bon pape.

LA POPULARITÉ

QUAND le chœur public bruyamment,
Avec orchestre, chante un homme,
C'est bien la gloire ; mais en somme,
Ce n'est que souffle et grincement.

Quels doigts font grincer l'instrument !
Que le souffle sent le rogomme !
Et tout cela, sincère comme
Les oracles d'un parlement !

En vérité, fol qui s'y fie !
Plus fol encor qui sacrifie
Son sommeil ou de moindres biens,

A recueillir ce vent de gloire,
Et jeter son âme en pourboire
Au troupeau des musiciens !

UN ORATEUR

Par ma foi, l'orateur, tu me rendrais acerbe !
Tu crois donc que le monde, à ta lèvre pendu,
Boira tes longs propos comme un flot répandu
Qui gonfle le raisin et fait épaissir l'herbe ?

Or, voici mon avis, ton discours entendu :
Pincer de la guitare ou bien pincer du verbe,
J'y vois mérite égal, parleur fin et superbe ;
Et les trois quarts du temps ce n'est que bruit perdu.

Quant à moi, je préfère, et mon goût n'est pas rare,
Au grabeleur de mots, le râcleur de guitare,
Le franc ménétrier, joyeux, parfois touchant.

Vois, lorsqu'il a fini, ce peuple qui l'écoute :
Chacun reprend l'outil, chacun poursuit sa route,
Le laboureur en paix se courbe sur son champ.

LE GROS MAJOR

Au mont Testacio, le gros major Quantin,
Le nestor du Cent-Quatrième,
Se sentant grande soif, but grandement, et tint
Ce discours, parlant à soi-même :

« Que le roi subalpin devienne roi latin,
Ce n'est pas mon désir suprême.
Je dirai plus : sans son carême,
Le régime du Pape irait à mon instinct.

« Mais que fait à Quantin que le Pape s'en aille,
Et qu'importe à Quantin pour quoi Quantin ferraille?
Que Quantin avance, voici

« Le point essentiel, et tout le reste est bête...
Or ça, je sois pendu si je crois fort honnête,
Quantin, ce que tu fais ici! »

M. LE MAIRE

Au grand jour de saint Empereur,
C'est alors que Monsieur le Maire
Ne traite plus Dieu de chimère,
Et fait voir la foi de son cœur.

Il a même de la ferveur;
Il en a plus que le notaire,
Il égale le commissaire,
Il étonne le percepteur!

Dans l'église il amène en pompe
Les pompiers, et jusqu'à la pompe.
Un employé qui parlerait,

Ce jour-là, de manquer la messe,
N'eût-il que péché de paresse,
Comme on te l'excommunirait!

UN GRAND JOUR

Le *Moniteur* est magnifique,
Foi d'honnête homme, ce matin.
Ils ont parlé! Non le fretin,
Mais ceux qui rappellent l'antique.

Jamais le verglas politique
N'a vu si beaux coups de patin.
Jules Favre a fait le mutin,
Rouher s'est trouvé sans réplique.

Picard... Tenez, lisez. — Merci!
Je me meurs de pleurer Boissy,
Et ne suis tenté de personne.

J'aimerais mieux, pour le moment,
Lire *La Caboche*, roman
De Féval, Ponson ou Zaconne.

PALLAS

Quand l'esclave Pallas, le fléau de la terre,
Le meurtrier par qui tout l'empire vivait,
Fut préfet du trésor, cent fois millionnaire,
Presque repu du sang de Rome, qu'il buvait ;

Un Scipion, flanqué d'un autre consulaire,
Réclama du Sénat, où la haine couvait,
Des honneurs et de l'or pour l'homme de Tibère :
Tout fut voté. Sur bronze on en fit le brevet.

Pallas refusa l'or. Il le prenait lui-même.
Il reçut les honneurs d'un visage indulgent.
Le Sénat insistait : — Seigneur, aussi l'argent !

Mais Pallas:—Non, Romains! c'est l'honneur seul que j'aime!
Et le Sénat criait : Les dieux te l'ont rendu,
Rome, ce vieil honneur que tu disais perdu!

MONITOIRE

Comte, c'est fort bien fait d'être prince en Capoue,
De descendre des dieux tout droit par un bâtard;
De savoir constamment, même aux jeux de hasard,
Maintenir son destin dans le haut de la roue.

Comte, c'est fort bien vu de n'avoir nulle part
Soit devoir soit serment qui sur la peur n'échoue,
D'échapper au danger même à travers la boue,
De chercher tout d'abord l'honneur de mourir tard.

Mais avec ces dons, Comte, ayez moins d'arrogance.
Savez-vous ce qu'on nomme, en français, une *danse?*
Il faut, dans nos climats, craindre cet ouragan!

Si quelqu'un s'y mettait un jour, à la française,
Les coups seraient plus drus que n'en peut sans malaise
    Porter un prince capouan.

ATTENDEZ!

Quand Dieu défait ces Messieurs-là,
Le *Moniteur* verse des larmes.
On met sur pied mille gendarmes,
Vingt orateurs font leur fla-fla.

Pour Bridoux, lorsqu'il dégonfla,
Furent triplés ces beaux vacarmes:
La troupe prodigua ses charmes,
La rhétorique s'essouffla.

Le front couvert, la bouche close,
L'Honneur vit cette apothéose
Et s'en allait tout ulcéré.

— Eh bien? dit-il à la Justice.
— Je fais, dit-elle, mon office:
Le voila toujours enterré.

UN OCTOGENAIRE PLANTAIT

MES *arrière-neveux me devront cet ombrage.*
Quel propos de bonhomme, et de père, et de sage,
Et pour dire encor plus, quel propos de chrétien !

N'a-t-on pas sur le front un peu de ce feuillage?
Se sent-on pas neveu de cet homme de bien
Qui parlait un si noble et si simple langage ?

Ainsi, dans ce temps-là, quand Dieu tenait les cœurs,
L'homme, se souvenant qu'il avait eu des pères,
Prolongeait son amour jusqu'aux fils de ses frères ;

Et travaillant pour eux, en ses efforts vainqueurs,
Sur le bord du tombeau répandant ses sueurs,
Leur faisait un abri de ses œuvres dernières.

« Qu'importe si demain l'on couvrira mes os,
« Ou ce soir même, et si des arbres que je plante,
« Je ne verrai jamais fleurir la sève lente !

« Ils s'épanouiront, et je plante à propos.
« J'aurai ma paix ailleurs. Dans la saison brûlante,
« Nos enfants me devront cette ombre et ce repos.

« Ils viendront là, joyeux. Ils m'oublîront peut-être :
« N'ai-je pas oublié, quand j'usais de leurs biens,
« Ceux de qui maintenant, pieux, je me souviens !

« Mais pourtant quelque jour, sous ce chêne et ce hêtre,
« Bénissant en leur cœur le travail de l'ancêtre,
« Ils voudront suivre aussi les exemples anciens.

« Comme il nous fut donné, donnons. Laissons au monde
« Une chose de nous qui soit douce ou féconde.
« Et mes arbres plantés, je veux creuser un puits !

« Alors j'irai dormir d'une paix plus profonde ;
« Et Dieu saura toujours que j'ai donné ces fruits,
« Et que de mes sueurs j'ai fait sourdre cette onde. »

Ainsi ne pensent plus les bâtards d'à présent.
Ils ont bien secoué tout souci bienfaisant,
Et de leurs fils bâtards ils pillent l'héritage.

Se plantant à crédit de factices forêts,
Ils lèguent à leurs fils du bois mort et des frais :
« — Nos arrière-neveux nous *devront* cet ombrage ! »

L'INSECTE

Un homme meurt, des rares que j'aimais,
Fait pour monter, et le plus haut peut-être.
Il était grand sans chercher à paraître;
Luttant toujours, ne se plaignant jamais.

De ce génie, étouffé désormais,
Plus d'un jaloux s'est nourri; l'un fut traître.
Or, le Judas au cœur visa son maître,
Et l'atteignit sur ses nobles sommets.

Il est perdu. Je vois ce magnanime,
Ne pouvoir pas braver le trait infime
Dont le harcèle un être de néant.

Honteusement insulté par l'insecte,
Il sait encor cacher la plaie abjecte,
Mais ce venin couche à bas le géant.

10

POIDS DE LA VIE

J'ai vécu, j'ai vieilli. De l'humaine misère
J'ai porté le fardeau tous les jours. Il est grand!
Sans en excepter un, j'ai refait en pleurant
Tous les chemins heureux que j'avais sur la terre.

Je sais ce qu'ici-bas le ciel donne et reprend :
Deuil d'ami, deuil d'époux, deuil de fils, deuil de père,
Et deuil public encor! J'ai bu cette heure amère,
J'ai tenu dans mes bras Valdegamas mourant.

J'ai vu l'esprit de l'homme au mal vouer son culte;
Sur mon drapeau sacré j'ai vu monter l'insulte;
Chez des amis vivants je me suis vu mourir.

Et parmi ces douleurs, humiliant mon âme,
Satan m'a fait sentir son ironie infâme...
O mort! comme parfois tu tardes à venir!

PIERRE HERNSCHEM

DOMINICAIN

Lorsque j'entrai dans la cellule,
Le frère Pierre était sans voix.
On lui lisait quelque formule;
Il baisait doucement la croix.

Ses grands yeux conservaient leur flamme.
« O Seigneur! pensai-je à part moi,
« La nuit est si grande! Pourquoi
« Déjà nous retirer cette âme?

« Sa science aux paroles d'or,
« Sa foi, son cœur, que ce trésor
« Au moins quelque temps nous demeure! »

Il sourit et me prit la main :
« Va, dit-il, Dieu sera demain;
« Et qu'importe qu'un moine meure! »

UN VERS D'ANDRÉ

SOUFFRE, *ô cœur gros de haine, affamé de justice !*...
En nos jours infestés de triomphes pervers,
Plein d'horreur et d'ennui, je me redis ce vers
Comme André dut le dire au chemin du supplice.

Il faut se taire, il faut que le juste pâtisse,
Que sa lèvre et son bras portent les mêmes fers,
Que l'insulte s'ajoute à tant de maux soufferts,
Et qu'à masque levé la fraude s'applaudisse.

Nul refuge! Partout on les verra vainqueurs.
Ceux dont ils n'ont pas fait des sbires sont claqueurs ;
Le monde est leur conquête et veut qu'on le salisse.

Point de lutte! Écrasé du flot des apostats,
Raillé, muet, il faut mourir sous les pieds-plats.
Souffre, ô cœur gros de haine, affamé de justice!

LIVRE VI

PRÉFACE.

Lorsque tout l'horizon d'un feu sombre s'éclaire,
Lorsque la guerre impie entoure le foyer,
Rire de l'ennemi, ce n'est point l'oublier.
Mais qui pourrait longtemps railler et se distraire?

Jusqu'à ce point j'ai su, désirant m'égayer,
Détourner mon esprit de l'inique mystère.
C'est assez. Jusqu'au bout si je voulais m'en taire,
J'entendrais et mon âme et les pierres crier.

En campagne, je crois que, même à l'avant-garde,

Un vieux soldat, pourvu qu'il écoute et regarde,
Peut chanter quelque conte à travers les assauts.

Il suffit d'être prêt. Si l'ennemi se lève,
L'air que chantait la voix sur le clairon s'achève,
On laisse là le conte, et l'on court aux faisceaux.

L'AUTEL

C'ÉTAIT en ces grands jours que chante Vermorel,
Jours vers lesquels Guéroult, s'il faut l'en croire, aspire :
Les maîtres du pays, — peut-être aurons-nous pire ! —
Trouvèrent le curé caché loin de l'autel.

Le doux et saint vieillard, prêt pour le coup mortel,
Aux juges est conduit : on prouve qu'il conspire.
Les juges, d'une voix, insultant ce vampire,
Prononcent contre lui l'arrêt habituel.

L'échafaud attendait. La canaille féroce
Veut qu'avant d'y monter, l'homme du sacerdoce
Prenne l'habit sacré. Cet ordre est obéi.

Le prêtre alors, signant son front de patriarche,
Tranquille, met le pied sur la première marche,
Et dit : *Introïbo ad altare Dei !*

PIUS PP. IX

QUAND j'étais jeune, une image
Enchantait l'œil de mon cœur :
C'était un esquif, vainqueur
De la mer et de l'orage.

Contre les flots en fureur,
Un homme au calme visage,
Seul soutenant l'équipage,
Domptait la mer et la peur.

J'en recevais une flamme.
Ainsi, de la grandeur d'âme,
Pour moi le rayon a lui.

Plus fort tout seul que la terre,
Tranquille au tombeau de Pierre,
L'homme est vivant aujourd'hui.

LES BLÉS DE CASTELFIDARDO

Les épis généreux aux têtes d'or penchées,
Portaient avec fierté le trésor du froment.
Ils étaient mûrs ; la faulx a connu son moment,
Et voilà sur le sol les têtes d'or couchées.

Pieux, le vent du ciel disperse abondamment
Les salubres senteurs des têtes d'or fauchées :
Et comme si la main d'en haut les eût touchées,
Dans les âmes s'éveille un saint frémissement.

Qu'ils sont doux, qu'ils sont beaux ! La terre dévastée
Bénit pourtant leur chute et se sent rachetée.
Ainsi tombent, Seigneur, tes saints, avant le soir ;

Et condamnant la mort à racheter la vie,
Ainsi ta loi d'amour, par l'amour obéie,
Met le blé sous la meule et la grappe au pressoir.

11

AVE RABBI!

Une vieille luxure a désolé la terre :
De tout temps on a vu, par leur soif tourmentés,
Ceux qui boivent le sang, ceux que le sang altère,
Se plaindre que la faim, le feu, le cimeterre,
Donnant trop tôt la mort, frustraient leurs voluptés.

De là cet art profond et choyé des supplices,
Et ces bourreaux experts dont la dextérité
Meurtrit cent fois un corps cent fois ressuscité ;
Bourreaux non pour gagner leur pain en ces offices,
Mais pour assassiner avec sécurité.

Il leur faut des terreurs, des cris, des défaillances ;
Ils veulent voir tomber l'âme et le cœur du fort.
Sous la dent d'acier fin qui lentement le mord,
Ils veulent que vaincu dans toutes ses vaillances,
Le patient longtemps leur demande la mort.

Dans la veine entr'ouverte ils refoulent la vie.
Pour contenter leur cœur et repaître leurs yeux,
Pour apaiser leur soif ils sont ingénieux.
Le sang que refroidit la sueur d'agonie,
Goutte à goutte épuisé, les désaltère mieux.

Mais ce qu'avaient cherché Phalaris et Mézence,
Le supplice sans fin par ces maîtres rêvé,
Un art plus studieux le tient; il est trouvé.
Le martyr autrefois subissait l'insolence ;
On a fait des bourreaux qui lui disent *Ave !*

Devant Pie, à genoux, composant leur visage,
Dans une main le sabre, et dans l'autre de l'or,
« Père, lui disent-ils, accepte ce trésor.
« Représentant de Dieu, crois-nous et deviens sage.
« Vends ton trône, il est temps ! Nous le paîrons encor.

« Nous sommes tes enfants, catholiques sincères...
« Tes habits, comme toi, Père très-saint, sont vieux :
« Nous t'en voulons donner d'autres, plus gracieux.
« Fais quelque chose aussi : tes codes sont sévères,
« Réforme-les ; c'est là notre désir pieux.

« Il est temps que le ciel s'ouvre à toutes les races !
« Dieu, — que tu connais mal, — ne veut plus d'exilé.

« Vois briller dans les cours le vice consolé :
« Qu'il soit ainsi du ciel, Père! Fais-y des places;
« Fais que l'on entre au ciel avec du bien volé.

« Nos cœurs ont tendrement effacé l'anathème
« Qui créait dans le monde un partage fatal.
« Il est temps que Jésus embrasse Bélial!
« Bélial a souffert, mais il pardonne, il aime.
« Accepte pour Jésus son oubli cordial.

« Père, il faut en finir. Plus savante et plus belle,
« L'humanité l'emporte et dément tes leçons.
« C'est en niant le mal que nous le guérissons ;
« Le mal devient le bien. C'est fait. Es-tu rebelle?
« Alors l'honneur de Dieu le veut : Nous te cassons! »

Tous les cris de l'enfer commentent ces paroles;
Elles vont corrompant les esprits et les cœurs.
Le sophisme et la haine enfin se voient vainqueurs.
Arts, lois, mœurs, ils font tout; ils règnent; leurs écoles
Remplissent l'univers d'homicides moqueurs.

O mon Christ, les voilà, tes bourreaux! On leur livre
Le bon sens à fausser, le bon droit à flétrir.
Ils savent diffamer ceux qu'ils feront mourir :
Ils versent dans la foule un poison qui l'enivre;

La bête est irritée et tu l'entends rugir.

Mais les sages ont dit : — Point de sang ! C'est vulgaire.
Non, dans un bain de boue ayons raison des saints.
Leur sang pourrait encor submerger nos desseins.
En faut-il ? Sans éclat, sans juges, laissons faire ;
Une idée a toujours ce qu'il faut d'assassins.

Proscrivons le gibet, et la hache et les flammes ;
Plus d'immolations qui puissent retentir !
Laissons les corps aux poux, ne tuons que les âmes.
Sous la boue amassée et les crachats infâmes
Éteignons l'auréole et souillons le martyr.

Écrasons-les d'affronts, de mépris, de silence !
Imbéciles tenants d'un culte humilié,
Qu'ils soient pauvres, abjects ; qu'on siffle leur démence ;
Que la caricature aux coins de rue offense
Leurs temples, leur pontife et leur Crucifié !

L'histrion, le rapin, le goujat, le cuistre,
Contre ces bourreaux-là, Christ n'est plus assez fort.
Ses saints, jusqu'au dernier, périront sous l'effort ;
Et pour notre régal, le quadrille sinistre
Saura leur décupler les affres de la mort !

LES MERCENAIRES

S'il est vrai qu'un crime soit crime,
Si l'homme a reçu quelque loi,
S'il est un ordre légitime,
S'il est un honneur, une foi;
Si tant de maximes sacrées,
Par les ancêtres révérées,
Ne forment pas un code vain,
Et si des fortunes coupables
N'ont pu les effacer des tables
Où les grava le doigt divin;

Si l'éclat des choses infâmes
N'a pas éteint, victorieux,
La conscience dans nos âmes
Et la lumière dans nos yeux;
Si la justice enfin se lève,
Si ce grand flambeau, si ce glaive

Pénètre enfin dans les tripots;
Si des corrupteurs de la terre
Sa terrible splendeur éclaire
Et les œuvres et les suppôts :

Qu'adviendra-t-il de vous, nos maîtres,
Politiques fous et pervers,
Traîtres qui vous livrez aux traîtres,
Propres auteurs de vos revers?
Antiques races apauvries,
Jeunes races déjà taries,
Sur les peuples fardeaux pesants;
Soie et velours demain guenille,
Pillards attendant qu'on vous pille,
Troupes d'insensés malfaisants !

Quel trait, se demande le monde,
L'emporte de chaque côté,
Ou la stupidité profonde,
Ou la profonde improbité?
En tous lieux des ignominies,
Partout assaut de félonies,
Et partout de fangeux chemins !
Le cœur rongé de vœux arides,
Ils ont au front d'ignobles rides,
D'ignobles armes dans les mains!

Lorsque tout peuple et tout royaume
Palpite et se dissout d'effroi,
Quand le monde demande un homme,
Aucun d'eux ne dira : C'est moi!
Bassement le régent d'empire,
Avec de vils bandits conspire
Pour abattre la royauté.
Se trouvent-ils deux face à face :
L'un s'avilit par son audace,
Et l'autre par sa lâcheté.

Dans les séditions traîtresses,
On les verra toujours mêlés;
Pour surprendre les forteresses,
Ils fabriquent de fausses clés.
Tel fait sa main sur sa famille,
Tel qui veut livrer son pupille,
L'endort d'un appui déloyal;
Les forts rusent contre les faibles,
Et les lions avec les aigles
Se font pourvoyeurs du chacal.

Les voyant à pareilles tâches,
L'esprit plonge dans la stupeur :
Quel fond produit ces forfaits lâches?
Est-ce l'audace, est-ce la peur?

Devant une œuvre scélérate,
Parfois hésite le pirate,
Rendant encore hommage au droit
Incertain son honneur diffère,
Et l'acte honteux qu'il faut faire,
Il en chargera quelque roi.

Par respect pour sa fausse épée,
Le bandit jette au loin le gant;
Le roi, la main enveloppée,
Fait les offices du brigand.
Le roi tient les armes impures,
Le roi ment, écrit des brochures,
Ourdit avec les gazettiers.
Le bandit en aurait vergogne,
Et tandis que le roi besogne,
Il attend sur ses étriers.

Et pourquoi ces choses cyniques,
Ce feu, cet excès dans l'horreur?
Que veulent-ils, ces politiques
Inassouvis de déshonneur?
Jadis, même flétri du vice,
Un roi gardait quelque justice,
Gardait au moins quelque fierté;
Il n'escroquait pas la victoire,

11.

Et couvrait d'un rayon de gloire
Jusques à son iniquité.

Le roi vaincu, faisant encore
Respecter sa pourpre en lambeaux,
Prenait la palme qui décore
Comme des trônes les tombeaux.
Ferme sur sa terre occupée,
De son dernier tronçon d'épée
Il faisait un dernier rempart;
Il épuisait toute ressource,
Et ne gardait rien dans sa bourse
Pour aller vivre quelque part.

Mais dans ce roi fier et fidèle,
Alors un peuple entier vivait;
Pour le maintenir, un saint zèle
Du même élan se soulevait.
Sa couronne des ans fleurie,
C'était le lien de la patrie,
Dieu l'avait mise sur ce front;
Toute conquête était mal sûre;
D'un roi de force ou d'aventure
On ne subissait pas l'affront.

Nos temps que la sagesse éclaire,

A force de recherche et d'art,
Ont créé le roi mercenaire,
Fils de la ruse ou du hasard.
Agent tout-puissant et servile,
Hier par la discorde civile
Dressé sur un trône d'airain,
Il n'a ni sujet ni royaume ;
Il gouverne pour ce fantôme
Qu'on nomme Peuple Souverain.

Fantôme et maître véritable,
A la fois monstre et fiction,
Géant vainqueur, nain pitoyable
Qu'on nomme aussi l'*Opinion*.
C'est là le maître ! Son caprice
Seul est la loi, seul la justice;
La règle est l'erreur qui lui plaît.
Tremblant, l'orgueilleux mercenaire
Suit les chefs de ce populaire;
Et comme ils ordonnent, il fait

Point de bassesse conseillée
Qu'il ne puisse accomplir demain;
Point de main rapace et souillée
Qu'il ne reçoive dans sa main.
Dans l'obstacle qu'elle rencontre,

Si cette cohorte lui montre
Au cœur du peuple un vœu vainqueur,
Sans avoir à dompter son âme,
Hélas! et sans entendre un blâme,
Il dit : J'arracherai le cœur !

Alors, alors, race chrétienne,
O vrai peuple qui n'es plus roi !
Dans ton sein la lèpre païenne,
Renaît, grandit, s'attache à toi.
Sur ton front comme un anathème,
Rongeant la trace du baptême,
Elle en éteint la majesté :
Tu n'as plus cette flamme fière,
Le don de ton Christ, la lumière
Qui guide vers la liberté.

L'homme ne lave plus sa tache
Au sang par le Christ épanché ;
Soudain à sa chaîne on rattache
Ce vieil esclave du péché.
O mystère plein d'épouvante !
Dans sa servitude, il se vante :
Le jour, dit-il, viendra d'oser :
Enfin j'ai vu Dieu disparaître !
Je n'ai plus désormais de maître

Que ma main ne puisse écraser.

Et le jour vient. Malgré le glaive
Et l'ergastule aux murs étroits,
Le terrible géant se lève,
Il met la main sur ses faux rois.
De ses douleurs et de sa honte,
En un instant il fait le compte,
Il rend les maux qu'il a soufferts ;
Puis, lourd de sang et de rapines,
Il s'endort parmi les ruines...
Et se réveille dans les fers.

Le crime au crime ainsi ramène ;
Le cercle affreux ne rompt jamais.
Que deviendrait l'espèce humaine,
Dieu bon, si tu n'intervenais !
Dans un plus cruel esclavage,
L'homme, de plus en plus sauvage,
Gémirait sous ton ciel sacré ;
Et la faim, éternelle entrave,
L'étoufferait, encore esclave,
Le dernier maître dévoré.

Mais ton Église est immortelle,
Les jours de l'erreur sont bornés.

Ton pontife sous sa tutèle
Reprend les peuples pardonnés :
Par sa main puissante et féconde,
Tu briseras le sceptre immonde,
Tu répandras la vérité ;
A la place des mercenaires,
Aux peuples tu rendras des pères,
Tu referas l'humanité !

L'HONNEUR ROYAL

A JEAN MASTAÏ

PAPE PIE IX

TRÈS-GRAND, TRÈS-AUGUSTE ET TRÈS-SACRÉ

ROI DES ROMAINS.

—

Sous le feu des colères saintes,
Quand je jetais ces cris sans art,
O Roi ! ma douleur et mes craintes
Te savaient faire une autre part.
Bravant les fureurs populaires,
Au rang des trônes mercenaires

Tu n'as pas abaissé le tien :
Fût-il submergé dans l'orage,
Il restera grand ; le naufrage
Y laissera l'honneur chrétien.

O gloire, ô revanche sublime,
O majesté du cœur royal !
Comme tu sais forcer leur crime
A t'élever un piédestal !
Plus ils ont de ruses ourdies,
Plus la haine et les perfidies
Forgent de piéges savants ;
Plus les compassions traîtresses
Ont multiplié les caresses
Et les mensonges décevants ;

Plus leur misérable génie,
Aux peuples qu'il sut dominer,
Impose cette ignominie
De te laisser assassiner ;
Plus il te fait seul sur la terre,
Et plus la fortune adultère
Lui promet ta défaite, ô Roi !
Plus sous ta constance il succombe :
Il ne peut pas creuser la tombe
Sans bornes qu'il faudrait pour toi.

Quel que soit le profond abîme
Où te poussent les rois hagards,
Ton front, toujours plus magnanime,
Domine ces pâles Césars.
Partout leurs couronnes vassales
Portent la marque des droits sales
Qui bientôt les ressaisiront ;
La tienne, en sa splendeur première,
Est la colonne de lumière
Que l'honneur et l'amour suivront.

Reste fière, tête romaine !
Le monde veut garder ta foi ;
Où pense encore une âme humaine,
Cette âme fait des vœux pour toi.
Heureux qui combat pour ta cause !
Heureux qui de son sang arrose
Ton faible et triomphant rempart !
En ces temps de gloire usurpée,
Tes soldats seuls portent l'épée,
Les autres n'ont que le poignard.

Que le grand forfait se consomme,
Qu'ils te ravissent tes États :
C'est toi le prince, c'est toi l'homme,
Le monde ne s'y trompe pas.

Pour avoir volé le tonnerre,
Pour être l'horreur de la terre,
Et la remplir d'un vil effroi,
Est-ce qu'on a changé les rôles ?
Vaincu, la croix sur les épaules,
Il reste un monarque : c'est toi !

Dieu t'a donné le diadème,
Il peut le reprendre à son gré ;
Mais l'exil, mais le tombeau même
Te recevront grand et sacré.
Que le navire ou l'humble barque
Emportent le dernier monarque
Vers son sépulcre glorieux :
Il aura le salut des armes ;
Son peuple, par de nobles larmes,
Le sacrera victorieux.

A-t-il embrassé l'infamie,
Est-il chargé de vils remords ?
Vaincu de l'Europe ennemie,
Son honneur est-il chez les morts ?
Il n'a pas croulé dans la boue ;
La force qui de lui se joue,
C'est le torrent, non le ruisseau.
L'honneur te reste, âme loyale :

L'honneur, de ta tombe royale
Saura faire un royal berceau.

Ton peuple, vendu par des traîtres,
A vu les masques se lever.
Au lieu d'un père, il a des maîtres.
Tu combattais pour le sauver.
Descends en paix de ton calvaire ;
La vie est à ce qu'on révère,
Qui doit renaître peut mourir.
Tu vivras. Ton Dieu, ton modèle,
Donnera la gloire au fidèle
Et des successeurs au martyr.

Et vous vainqueurs, votre misère
Passera nos vœux irrités.
Le jour vient, vous aurez affaire
A ces bandits que vous flattez.
Vous aurez fini vos offices ;
Ecartant de gênants complices,
Ils vous traiteront sans égards.
O majestés destituées,
Le bas peuple, avec des huées,
Chassera vos aigles bâtards !

Vous descendrez vers les abîmes,

Chargés de mépris accablants ;
Et le rire de vos victimes
Sifflera sur vos pas tremblants.
Opprimez-nous de votre fange !
Moi, je verrai comment Dieu venge
Son pauvre peuple humilié.
Que je meure dans le supplice :
J'ai faim et soif de la justice,
Et je serai rassasié.

FIN.

TABLE

LIVRE I.

LIVRE II.

LIVRE III.

LIVRE IV.

LIVRE V.

LIVRE VI.

PARIS. — IMP. VICTOR GOUPY, RUE GARANCIÈRE, 5.

ŒUVRES DE M. LOUIS VEUILLOT

LE PARFUM DE ROME

Sixième édition, augmentée de plus de soixante chapitres
inédits.— 2 beaux vol. in-18 jésus, 7 fr.
LE MÊME, 2 beaux vol. in-8°, 12 fr.

LES ODEURS DE PARIS

Un fort vol. in-18 jésus, nouv. édition, 4 fr.

LES LIBRES PENSEURS

4e édition, 1 vol. in-8°, 6 fr.

HISTORIETTES ET FANTAISIES

Un beau vol. in-12, 3 fr. 50 c.
LE MÊME, in-8°, 6 fr.

VIE
DES PREMIÈRES RELIGIEUSES DE LA VISITATION

D'APRÈS LA MÈRE DE CHAUGY.
2 beaux volumes in-18 jésus, 7 fr.

L'ILLUSION LIBÉRALE

In-8° de 160 pages, 2 fr.

A PROPOS DE LA GUERRE

In-8°, 1 fr.

LE GUÊPIER ITALIEN

In-8°, 1 fr.

VIE POPULAIRE DE GERMAINE COUSIN

In-18, 35 centimes.

PIE IX

Édition populaire, 35 centimes.

Sous presse, pour paraître dans quelques jours :

CORBIN ET D'AUBECOURT

Nouvelle édition, 1 vol. in-12, prix : 2 fr.

OUVRAGES SUR LES CONCILES

La Somme des Conciles généraux et particuliers, par M. l'abbé Guyot. — 2 vol. petit in-8, ensemble : près de 1,500 pages. — Prix : 9 fr.

Les Conciles généraux et particuliers, par Mgr Guérin. — Trois forts vol. in-8. — Prix de chaque volume : 7 fr. 50 c.

Collectio omnium Conclusionum et Resolutionum quæ in causis propositis apud S. Congregationem Cardinalium, Concilii Tridentini interpretum prodierunt ab ejus institutione anno MDLXIV ad annum MDCCCLX distinctis titulis alphabetico ordine per materias cura et studio Salvatoris Pallottini S. theologiæ doctoris et in Romana curia advocati. — Prix : 2 fr. 25 la livraison. Environ 100 livraisons.

La société devant le Concile, par l'abbé Martinet. — 1 vol. in-12, prix : 3 fr.

Le futur Concile et les questions qu'il soulève, suivi de la bulle Æterni Patris. — Une brochure in-18, prix : 20 c.

LIBRAIRIE PALMÉ.

REVUE DU MONDE

CATHOLIQUE

RECUEIL POLITIQUE, HISTORIQUE, SCIENTIFIQUE ET LITTÉRAIRE

PARAISSÁNT DEUX FOIS PAR MOIS,

Par livraisons de 160 pages grand in-8°.

La *Revue du Monde catholique*, nous le disons en toute sincé-
rité et non pour faire une complaisante réclame, remplit une immense lacune : elle répond à une nécessité de la situation. La
presse quotidienne ne laisse dans l'esprit du lecteur que des im-
pressions fugitives, elle est impuissante à traiter une foule de
grandes questions sur lesquelles il importe cependant que les
catholiques soient éclairés. Il faut donc des publications qui tiennent le milieu entre le journal et le livre, qui soient actuelles
comme le premier, complètes comme le second.

Bien peu de revues religieuses, nous le constatons à regret, ont
montré jusqu'ici l'intelligence complète de leur mission. Les unes
traitent des matières trop peu accessibles à la généralité des
esprits, les autres manquent trop souvent de cette sûreté de prin-
cipes, de cette vigueur de conviction qui inspirent la confiance et
l'affection; elles n'ont pas cette variété et cette originalité de ré-
daction qui font le succès.

La *Revue du Monde catholique* nous paraît mériter, au contraire, toutes les sympathies des catholiques et réaliser le plan
suivant, esquissé par une main de maître.

« Entre les feuilles volantes et les recueils savants ou spéciaux,
tout le monde a marqué la place, senti le besoin d'une VRAIE
REVUE, plus solide que les journaux quotidiens, moins restreinte
que les autres; propre à porter le combat sur des points que la
presse catholique, dans sa composition incomplète, est forcée
d'abandonner à peu près. Nos adversaires multiplient des travaux
dont nous devrions nous occuper davantage. L'art, l'histoire, les
sciences, la philosophie, la poésie, le roman, le théâtre offrent de
quoi intéresser deux sortes de lecteurs : les chrétiens, en leur
faisant connaître un mouvement qu'ils ne peuvent étudier par
eux-mêmes; les non-chrétiens, en les critiquant, avec la chance

de les éclairer. Ce champ est vaste et beau ; les vœux des catholiques y ont toujours appelé quelqu'un. »

(*Pensées de M. Louis Veuillot*, p. 332.)

« Il est du devoir des catholiques de soutenir cette chaire nouvelle qui, en face de tant de tribunes ouvertes à l'erreur et au blasphème, retentit enfin des féconds enseignements de la vérité. »

(*Bien public*, de Gand.)

Voici un aperçu des principaux articles renfermés dans les vingt volumes parus :

VOYAGES, LITTÉRATURE, NOUVELLES, FANTAISIES BEAUX-ARTS

Esquisses de libres penseurs, par M. Louis Veuillot.

L'auteur du Maudit, par M. Henri Lasserre.

Les grands artistes, séries d'études sur H. Vernet, Paul Delaroche, Flandrin, Delacroix, Ary Scheffer, Granet, Decamps, Charlet, par M. B. Bouniol.

Vignettes, par M. Louis Veuillot.

Voyages en Chine, au Mexique, au Canada, etc., par M. A. Vaillant.

De Sybille et du roman chrétien, par M. Eugène Veuillot.

Le treizième apôtre, par M. Henri Lasserre.

Poètes et artistes contemporains, par M. A. Mazure.

Molière et Bourdaloue, (six articles), par M. Louis Veuillot.

Sur le mariage, par M. E. Veuillot.

Jasmin, Victor Hugo, suites d'études, par M. Henri Lasserre.

L'Art poétique, par M. Louis Veuillot.

Le champ de Waterloo, par M. D. de Pesquidoux.

Sur le divorce, nouvelle par Mme Mathilde Bourdon.

Les récentes Explorations du Globe, par M. Adalbert Frout de Fontpertuis.

Sur l'Étagère, par M. Louis Veuillot.

Les Lions de la Porte Impériale, par M. Louis Veuillot.

Flaminia, nouvelle, par M. Alexandre de Bar.

Le Testament de sœur Aloyse, par Mᵐᵉ Mathilde Bourdon.

Élisabeth, par Mᵐᵉ Dorothée de Boden.

Virginia ou **Rome sous Néron,** par M. F.-M. Villefranche.

Solidaire et chrétien, par M. B. Chauvelot.

L'Orient grec et turc, par M. Armand Ravelet.

Voyage à Aden et sur la côte orientale d'Afrique, par le F. Exupère.

L'Egypte et la Nubie, par M. Adalbert Frout de Fontpertuis.

Les Conférenciers, par M. Firmin Boissin.

Le Rosier de Madeleine. — La Servante du Curé, par Mlle Andrée de Braghiel.

PHILOSOPHIE ET THÉOLOGIE

Le Magnétisme et le Spiritualisme devant la Théologie, par M. l'abbé Tilloy.

La Notion chrétienne du pouvoir, par M. l'abbé Freppel.

Les Girondins de la philosophie, par M. E. Loudun.

Le mouvement catholique dans l'anglicanisme, par le P. A. Ramière.

Lettres sur les controverses philosophiques, par Mgr Doney, évêque de Montauban.

De l'ensemble du Positivisme, par M. le docteur Frédault.

Lettres sur l'unité dans l'enseignement de la philosophie, par le P. A. Ramière.

Étude sur Suarez, par le P. A. Ramière.

De l'unité de l'Eglise chrétienne, d'après M. Guizot, par M. Du Lac.

Étude complète sur la doctrine chrétienne de M. Guizot, par M. l'abbé Chantôme.

Les Origines du Positivisme, par M. le docteur Frédault.

L'Église et les erreurs modernes, par le P. A. Ramière.

La Philosophie grecque et la Théodicée chrétienne dans les premiers siècles, par M. l'abbé Thomas.

Les Phénomènes du Spiritualisme, jugés par un théologien.

L'Ontologisme, par le P. A. Ramière.

Études sur Gorres, Jean Tauler, saint Bernard, etc., par M. E. Hello.

Étude sur saint Thomas, par Mgr Landriot.

La Question philosophique, par Mgr Doney.

La Critique biblique en Allemagne, par le P. Vercellone.

L'École de Tubingue et les origines du christianisme, par M. l'abbé Thomas.

Allemagne et France, par M. B. Chauvelot.

De l'Idée religieuse dans la poésie du moyen âge, par M. Léon Gautier.

La Philosophie scolastique et la Science scolastique, par M. le docteur Frédault.

ÉCONOMIE POLITIQUE ET SOCIALE

Les Trade's Unions, par M. A. Lacordaire.

L'Église et les classes ouvrières, par Mgr Mermillod.

La Liberté de l'enseignement supérieur, par M. Léopold Giraud.

Les populations de l'Europe orientale, par un diplomate.

De l'enseignement secondaire des Filles, par M. Fayet.

L'antagonisme anglo-russe en Asie, par M. F. Fort.

L'Abyssinie, par M. Arthur Loth.

La Paix et les grandes Agglomérations, par M.***.

La Situation présente en Allemagne, par M. B. d'Agreval.

La Question d'Orient, par M. Poujoulat.

De l'Éducation des Femmes, par M. Coquille.

Des Ordres religieux devant l'économie politique, par M. Armand Ravetel.

L'Irlande et le Fénianisme, par M. J. Chantrel.

SCIENCES

Le Spiritualisme dans le monde moderne, par M. le marquis de Roys.

De l'unité de l'espèce humaine, par M. L. Giraud.

Les Sorciers contemporains. par M. Eugène Veuillot.

Identité du principe pensant et du principe vital, par M. L. Giraud.

Étude sur le matérialisme scientifique, par M. L. Giraud.

Tablettes scientifiques, par M. A. Vaillant.

De l'unité du principe animateur, par M. le docteur Frédault.

Travaux scientifiques du clergé français, par M. Louis Veuillot.

L'Enterrement des générations spontanées, par M. L. Giraud.

De l'origine des choses, par M. le marquis de Roys.

Méthode de l'Ecole positiviste, par le P. Ramière.

Des évocations au dix-neuvième siècle, par M. le marquis de Roys.

L'Exposition universelle, par M. Léopold Giraud.

Une nouvelle branche de l'Astronomie, par M. Léonce de la Rallaye.

Les Générations spontanées, par M. J. Chantrel.

La Question Pascal-Newton, par M. J. Chantrel.

Tous les deux mois, le Mouvement scientifique, Revue du Progrès dans les Sciences, les Arts et l'Industrie, par M. J. Chantrel.

HISTOIRE

Histoire des États pontificaux aux treizième et quatorzième siècles, par M. H. de l'Epinois.

Raphaël philosophe et théologien, par M. Louis Veuillot.

Les Antiquités assyriennes, par M. Henry de Riancey.

Une scène de martyre dans les Gaules au deuxième siècle, par M. l'abbé Freppel.

Madame Roland, Charlotte Corday, Marie-Antoinette, suite d'études sur les femmes de la Révolution, par Eugène Veuillot, etc., etc.

———

Chaque numéro contient UNE NOUVELLE
par MM. Eugène de Margerie, Henri Lasserre, Mathilde Bournon, J. Lander, Ét. Marcel, etc.;

une Chronique politique et un Bulletin littéraire
par MM. E. Veuillot, J. Chantrel.

———

PRIX : SIX MOIS, 17 FR.; UN AN, 32 FR.

LES ABONNEMENTS PARTENT DU 1er DE CHAQUE MOIS

La collection forme 20 volumes in-8° à 8 fr. le vol.

———

PARIS, — IMP. DE V. GOUPY, RUE GARANCIÈRE, 5.